书·美好生活
Book & Life

书，当然要每日读。

禅与清心工作技艺

Shunmyo Masuno

整える
心のストレスを消す練習

枡野俊明

[日]枡野俊明——著　于彤彤——译

北京时代华文书局

大地上本无黄金,但是通过努力可以让自己所站立的大地铺满黄金,熠熠生辉。

无论什么工作，都可以为之付出努力。多一份努力，也就让自己多一分色彩。

"评价是随后到来的"——这样想,内心会感到很放松。全力以赴做自己能力所及的事情就好了。

为了能够自由自在地支配时间、使用时间，就要专注于眼前的事情、当下的工作，而不是其他。

应对工作的时候，如果能够身心一体，自然就会精力集中，也就不会产生失误了。

你一定会发现自己擅长的事情,也会让自己"厉害"起来!

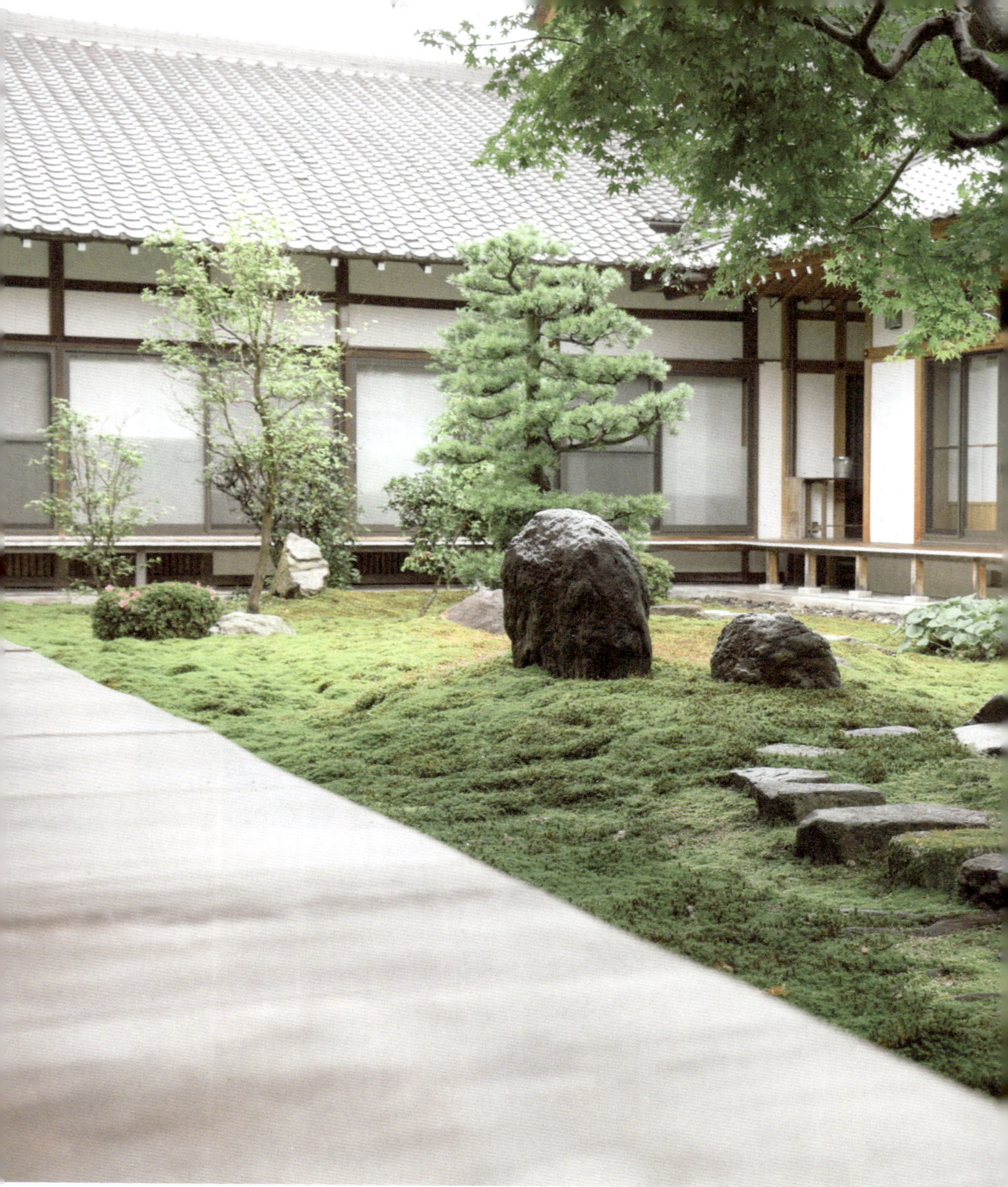

我们都应该重新审视一下"忙碌"的真正内容究竟是什么。

要与本真的自己一路同行。再没有比这更加安心从容的生活方式了。

每个人心中皆有佛性，佛亦是常在心中。

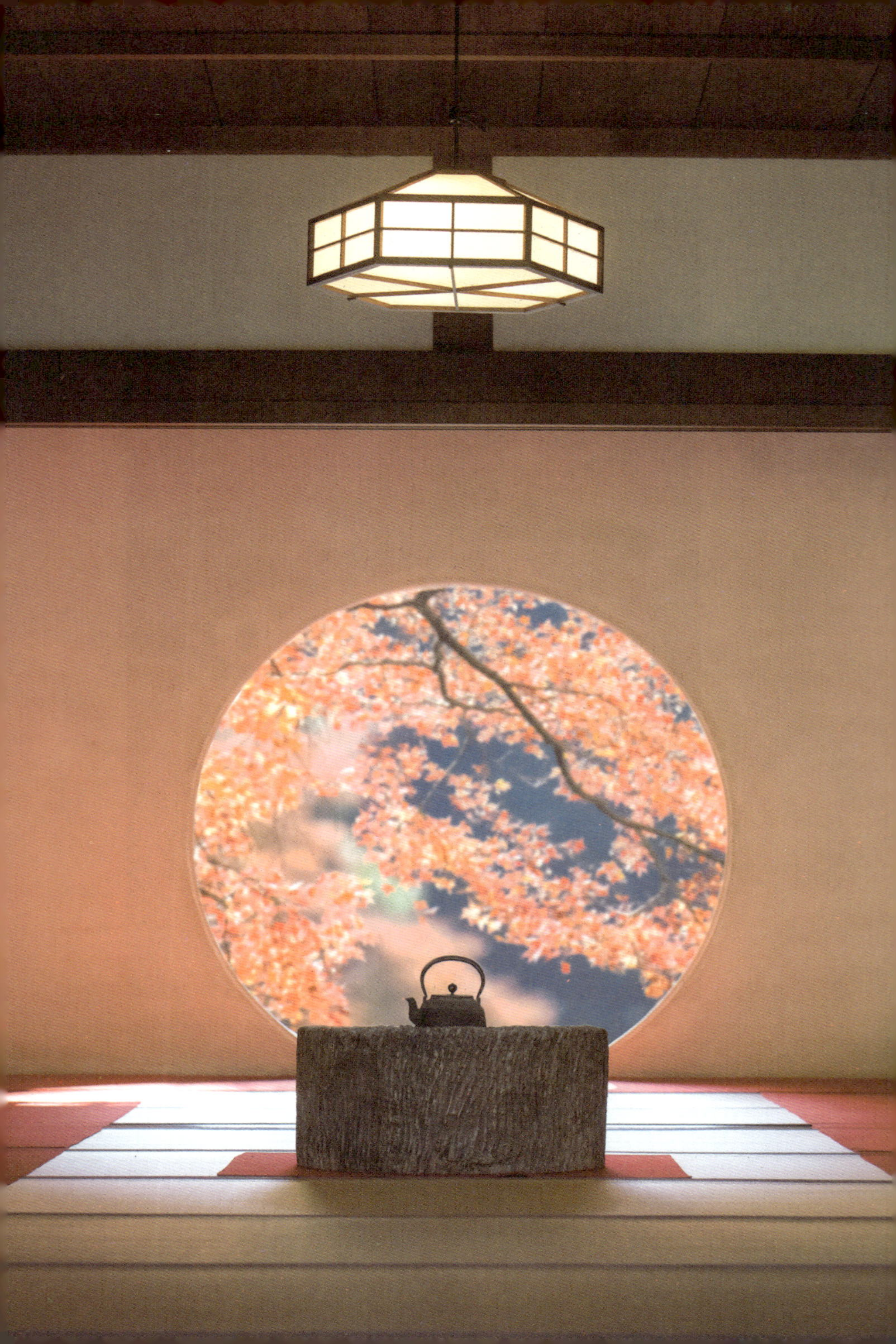

目录
contents

自 序

花枝春锦绣   001

序 章

断舍离
让愉悦、坚定、开朗和热情成为生活的一部   007

第一章　禅与清心工作技艺

透过不断追寻"答案"开悟

万事都可从中获益
当你觉得"没有回报"沮丧的时候   003

"隔壁的草地格外翠绿"
关于"别处工作环境更好"的偏见   006

被十二时辰所用,还是用尽十二时辰
当你无法集中精力工作的时候　　　　　　　　　　　　010

喜欢才会擅长
当你羡慕他人的时候　　　　　　　　　　　　　　　014

"同事",与对方同喜同悲
你想要说出"抓住人心的话"的时候　　　　　　　　　018

此时,此地,自己
当发生了"决定性的失败"　　　　　　　　　　　　　022

素直,既平且和
被投诉者困扰的时候　　　　　　　　　　　　　　　025

人生不能完全做自己喜欢的事
究竟该如何看待忍耐?　　　　　　　　　　　　　　028

柔软心:人情和心情
"利落地表达见解"的语言方式　　　　　　　　　　　032

珍视"当下"和"那一瞬"
无论如何都觉得会有风险的时候　　　　　　　　　　037

恐慌与一心不乱
当你为失业或未来担忧的时候　　　　　　　　　　　041

禅与明智行动的艺术
当费尽周折也无法出成果的时候　　　　　　　　　　046

第二章　你是清新上扬的力量
创造温暖、清心的人际关系

既来之，则安之
当你对"新的环境"畏缩不前的时候　　　　　　　　　　　051

守　拙
如果没有好的口才　　　　　　　　　　　　　　　　　056

视其所以，观其所由，察共所安
当你过度关注他人的想法的时候　　　　　　　　　　　060

悖逆的工作方式
当困扰于"怎么也难以提升评价"的时候　　　　　　　063

以心传心
当你无法向对方传达想说的内容的时候　　　　　　　066

见不贤而内自省也
把上司当作必备的良药　　　　　　　　　　　　　　069

知己知彼
疲于与对手竞争的时候　　　　　　　　　　　　　　072

共　生
当你与同事"不合拍"的时候　　　　　　　　　　　076

做个精神性的人
当你积攒了太多对他人的不满　　　　　　　　　　　080

其实不必吹毛求疵
当你过于在意他人的"言行"的时候　　　　　　　　084

保持本真的自己
当你想从容不迫地生活的时候　　　　　　　　　　　088

III

第三章　明亮的上下级关系
以惜缘和爱语对待下属

和颜爱语，先意承问
不苛责不主动打招呼的下属　　　　　　　　　093

日日皆苦劳，芜杂纷繁忙永夜
"无论怎么努力工作，都无法获得轻松"时　　098

慎重地选择语言
当你遭遇"说者无心"的时候　　　　　　　　103

你会主动示范吗？
当你想要对下属大发雷霆的时候　　　　　　　107

惜　缘
当你应对那种失误连发的下属　　　　　　　　111

说得到做得到
当整个团队面对重重业绩压力时　　　　　　　115

第四章　家庭生活中的烦恼和多余情绪
清净心为要

轻松生活之禅式金钱礼法
当你总觉得"金钱方面"不充足的时候　　　　121

不必一心同体，但求二人三足
当你无法处理好夫妻关系的时候　　　　　　　125

谢　谢
面对亲戚的好意　　　　　　　　　　　　　　129

原生家庭
当你困扰于如何与父母相处时   133

从"親"字所了解的一切
当你为了教育子女而烦恼的时候   137

禅语之"露"
当你无法平衡"自我"与"家庭"的时候   141

闲暇处才是生活
上班族的生活管理术   144

积极幸福
当你想抛弃一切的时候   147

第五章　立除一切烦恼
禅的方法

睡前简单坐禅
当你"难以入眠"的时候   153

清早澄澈的空气
当每日的压力"到达胃里"的时候   157

呼吸训练
当身体注入了"力量"的时候   161

顺　天
当你无法从巨大的不安中逃离的时候   165

日日是好日
当担忧之事无尽无休的时候   169

自 序

花枝春锦绣

> 杜宇啁啾夏日长
> 秋深照月明
> 严冬迟暮又一岁
> 雪落长天凛凛寒

这是曹洞宗开山祖师道元禅师某一日眺望永平寺夜,所吟咏的诗句。

春之繁盛、夏之悠长、秋之安宁、冬之凛冽,一瞬一瞬美妙四季光景,尽皆眼前。

儿时,我家的浴室是建造在居所之外的一个独立的建筑。夜半时分，浸在浴盆中沐浴，拉开窗子，凝望月光下斑驳的树影，聆听夏蝉鼓噪；一望是秋晚结实累累的柿子树，再望是细雪披拂寒凛凛的冬天……这些美丽的景致，皆是日常。

呼吸如此清新的空气，在清朗的月光下沐浴，身心俱得润泽、温暖，五感仿若得到了净化。

平素诸事忙乱，若能有这样的体验，工作生活中即便烦恼重重，也会烟消云散。诸君是不是亦有此感？

尽管如此，生逢这个时代，难免会有"到哪里才能实现这样的梦想"的慨叹。

不过，没关系。

即便无法拥有这样的亲身体验，依然可以让心绪变得轻盈。你要做的只不过是，去付诸行动，去修养一颗明镜般不着尘埃之清心。禅之深意，即是实践。

本人有诸多契机看见职场中诸君眉宇间、心头上泛起的疲惫皱痕。工作、处境、年龄种种，烦忧的内容种种。人人皆有或多或少的人生压力。

对大多数人来说，工作中最让人痛苦的可能不是工作本身的困难、压力和挑战，不是工作目标的难以达成；而是工作当中要处理的各种各样的人际关系，尤其是上下级关系。

如何消减多余的烦恼，走出焦虑不安的状态，抑或消除滋生烦恼的因素。想来，我们几乎每天都会心存这样的意愿吧？

那么，该为此做些什么呢？

以禅的智慧，即：你要极度坦诚，摒弃杂念、专注于事情本身，去探寻问题的本质，你将懂得一切事物的真理，你就可以无坚不摧，诸事皆可轻松得到解决。

曾经有位中国留学生跟我学造园，我没有直接教他技艺，而只是让他捡松针。七年来天天如此，春夏秋冬皆是如此，上午捡松针，下午也捡松针；心情好去捡松针，心情不好也去捡松针。事情是在重复着，而事情又不在重复着，如果你能够借由重复的事情观察到自己的变化，你会发现自己突然有一天也会造园子了。

看似简单的捡松针，如果心中有杂念，也就做不好，自然他也无法跟着我学习造园。

造园是一种需要非常专心的工作，就像我时常需要思忖石头的摆放，石头本身是有情感的，它有背面和正面，每次摆放时我都会仔细听它的声音，询问它想被摆放在哪里。如果无法做到专心，自然也听不到石头的声音。

因此，心无杂念，专心、专注于工作本身多么重要。如果我们做工作时，能够多思考一下问题的本质和工作的目标是什么，多为工作目标而努力，而不是纠缠于其中的或起或伏、或好或坏的情绪，那么，我们将能轻松工作、高质量生活。

这也正是禅的智慧和方法，即运用极简思维方式，舍去多余的烦恼。好的工作和好的生活背后都藏着这种简洁规律。

我在建功寺任住持，同时亦在多摩美术大学执教。因此，我时常有机会与学生交流探讨，与大家谈讲生活诸事。此外，因为参与了很多园林设计项目，我还有很多机会与国外友人接触。随着经验增多，我就很想给予拼命工作的各位一些建议。所以，零零散散笔耕如是。

愿大家能够运用禅的智慧、极简思维方式，斩断迷思、立除烦恼。

愿我们大家能够得着智慧的心，清心工作、轻松工作、快乐向前。

工作本身就应该使人幸福，不是吗？

合掌清心

枡野俊明

序 章

断舍离：
让愉悦、坚定、开朗和热情成为生活的一部分

工作中，我曾听到这样的话：

"为什么我已经这么努力了，却还是得不到回报？"

"在这个单位我根本发挥不出优势和才干，要是在别的单位，我肯定会更加出色！"

"为什么即使赚很多的钱，也无法获得轻松？"

…… ……

走在街道中，我也发现越来越多的人神色焦虑，与他人冲突

比如，公交车没有准点到站，就有人怒不可遏地大喊："为什么还不来车？"公交车误点有各种各样的原因，多半是由于不可抗力。但是，就有人偏偏对一点点责任都没有的乘务员大发雷霆。

在职场，有人专门给合作伙伴制造难题，而这些人也多半在客户那里遭受同样的刁难。

就以对待乘务员的事情为例，这类人或许就是通过迁怒于弱势的人，发泄自身的愤懑，化解芜杂的重重压力。

世俗生活从来不是问题，看不透生活的本质才是问题。

在我担任住持的建功寺，每周日都有坐禅会。最近，参加者渐渐有了变化。

以往，坐禅会的参加者大多五十岁以上。也大都是因为此时已然人生过半，所以希望能够以平和之心度过日常。

但是最近，我发现三十几岁到四十几岁的参加者多了起来。从社会构成上来讲，他们大都是职场的中层管理者，上受高层责备,下受下属发难。

虽然没有详细深谈,但是那样的处境下汹涌而来的人生压力,可想而知。选择参禅坐禅,力求能够多多少少消除一些烦恼,想来,也是一种尝试吧。

现今真称得上是一个焦虑和压力更宽泛更深切蔓延的时代。

那么,这些焦虑和压力怎么产生的呢?

大体上可分为三类。

第一类,是由于不能做自己想做的事,正在做的事得不到认可造成的焦虑和压力。也可以说,是"因无法实现自身的存在感而产生的焦虑和压力"。例如,"我本来适合企划,但是偏偏一直让我做销售,这让我心烦死了!"这种情况,自然会使人产生焦虑和压力。

第二类,是背负着超越自己能力范畴的工作或是责任。人的能力,都是有一定的限度的。超出了这个限度,还要不得已而为之,自然会生出无尽焦虑和压力。

例如,已然承担了"十分"的工作,自己觉得趋近极限,而上司又凭空加上了"五分"的工作码，瞬间身心倍感重压。结果，本来可以应对自如的那"十分"工作，也变得举步维艰，因为压力导致了身心俱疲。

这一类焦虑和压力，也与个性因素有关。

那种从不对上司说"不"的人，更容易感知这种压力。如果面对上司的指令，能够大胆说出"这个工作超出了我的能力范围，所以还请您另派他人来完成"，这样的人就不会承受这份压力了。只是，在现实的体制内，违背上司的指令确实是很难做到的。

第三类，是在高度信息化的社会中，多种多样的信息，或者说渗透在生活各个角落的所谓"便利性"所带来的压力。可选择的越多，就越会生出不知该如何选择的判断犹疑。

这也是明显的压力之源。

说到便利性，现在新干线的速度越来越快，东京到大阪只需要大约两个半小时，东京到仙台则是两小时。便利已经是不争的事实，而由此就有发生这种状况的可能："今天上午到达仙台，下午到大阪。那么，当天就自然可以返回了。"

现实中，这种极端的日程安排似乎不多见，但是如果最重要的两方(仙台和大阪)客户同时都必须接洽,那就没办法了。发生那种情况,压力自然就产生了。

我认识一位企业技术人员,晚上七点钟马上要下班离开的时候,客户忽然致电,说设备出了故障,需要他马上过去看一下。这位技术人员的办公地点在横滨,而客户在名古屋。虽然百般踌躇,最后他还是在电话里说:"好的,我马上坐新干线赶过去。"实在是不得不这么做。

想来,好像小说里的奇妙情节一般,便利性反而给工作增加了负担,带来了无尽的压力。

很有可能,便利性就是焦虑和压力的"元凶"。

当然,这三类压力并不是单独出现的,往往是同时出现的。

不管怎样,压力会使我们的身心俱疲。就身体而言,胃痛、持续的肠道问题,以及夜间失眠、早起困难等,都是由压力导致的。

心理方面的"症状"则是因为经常心情不佳、情绪恶劣、对任何事情都提不起兴致、懒得外出,诸如此类的综合性失调症等，从而导致了某种程度上的精神疾患。

无论身心，都不可以忽视压力影响下的严重状态。应该尽早思考消除的办法，尽早谋求解压的对策。我将依循着禅宗的智慧，在接下来的每一章节中，为诸君详述解决生活和工作中各种烦恼和压力的具体办法，并奉上最基本的关键点。

请竭力保证运动等兴趣爱好的时间。运动时的汗流浃背，沉浸于某一项个人趣味和技艺中，能够做自己喜欢的事情，这样的时光都会让身心格外愉悦。

入夜，用三十分钟的时间，聆听喜欢的音乐，不疾不徐地沐浴，翻阅心仪诗人的诗集，燃起中意的香氛……这样的生活内容，是每天都可以做到的吧？我想，运动其实也可以做到一周一次。

正如弗洛姆所说："不沉溺于逃避现实的活动，如看神奇故事和电影，至少不超过一定限度；不过量饮食，这些都是显而易见的基本准则。但是，不应该像外界强加于自身的准则那样勉强实行，而应使它成为自身意愿的一种表达。使之成为人们一停止就会惦记的行为，这是必不可少的。"

慢慢地一步一步地，将其渗透到日常生活的节奏之中。

让愉悦、坚定、开朗和热情成为生活的一部分，是非常重要的事。

禅的修为，决定着从起床到就寝事无巨细的一切生活内容。同样的内容，每天每天，往复循环。往复循环，便可以慢慢掌握。日日重复、日日雕凿塑造自我。

直到真正掌握，就变成了习以为常。生活的角角落落，那个身心愉悦的自己，亦是如此习以为常，如此自然而然。这样，焦虑和压力在如你所感知的那样严重之前，就会自行消除了。

世间，不可能彻底消除压力的种子。心存压力的种子，想必就会在某一刻发芽。但是如果让愉悦内容进入生活的路径，纳入生活的节奏之中，压力的萌芽也不会继续生长下去。

一定要创造一个可以将压力消灭在萌芽阶段的生活状态。这就需要对生活进行"断舍离"。无论是信息化还是便利性，都不要任意滥用，而是要适可而止。信息过于泛滥，反而一团糟。一切都依赖便利性，则反而会被其束缚。能够对信息做出判断和甄选，是一种认知和能力。

同时，在每天早上和晚上各做十分钟集中注意力的练习，我们必须学会专注，长时间地专注。心是可被训练的，使之专注、简洁、清静。这是让自己安宁的关键。

珍视、珍重自己所拥有的一切，惜人、惜物、惜时。珍重家庭、朋友、同事、工作、时间、财富，乃至小小的一杯茶。这是因为一个有无常观和出离心的人每次品茶，都好像品人生的最后一杯茶，因而会倍加珍惜。

那么，了解了这基本的关键点，从接下来的章节开始，我们就一起不断地把"实践"融入生活中吧。

第一章
禅与清心工作技艺
透过不断追寻「答案」开悟

只要努力了，无论结果如何，心中不会有什么波澜了。无论何时，都需要一颗整拂清爽的心灵。

万事都可从中获益
当你觉得"没有回报"沮丧的时候

职场中,往往是结果导向。如果没有成果,无论你多么努力,都无法获得认可。很多人为此会心生怨怼:"我已经这么努力了,却没有一丁点儿回报!"

身在职场,一定要清楚:努力也未必一定有结果,付出也未必就获得回报。那么,努力了为什么没有成果呢?

佛教基本的思维方式,是有因有果。要素完备,不可能达不到预期。如果不能达成,想来要么条件不足,要么就是要素有误。

每一项工作或是作业,都有各种各样的过程。基本上,分为事前准备阶段、实际着手阶段、事业推进阶段、必要的方向性修正阶段、收尾阶段，大致如此。

把这些内容逐一检索，失败的原因就会浮出水面。

"原来如此，事前准备应该缜密一些……"
"修订方向方面有了错误……"
"收尾的时候不够好……"

事情做对了百分之九十，眼看就要取得最终的成果，但是犯了百分之十的错误，也会功亏一篑。但是，在感叹没有成功之前，先不要认为毫无回报，而是需要认真思忖一下那百分之十的错误。而后，为了下次不犯同样的错误而寻找规避方法。

这么想，事情自然变得简单，人的心也就清净了，自然能沉下心继续工作。

将失误与失败转化为经验、教训，这亦是禅的智慧。

"要说凡事都有利可得是不可能的，不如说：万事都可从中获益。"机会与付出之后获得的经历、经验、成长，在我们的人生计算中都是工作成果的一部分。

最要不得的想法是："无论怎么努力都得不到回报，这世上的事情，都是这样的。"然后带着嘲讽去生活。这是绝对的偏见。这是躲避困难。这并不能带来工作能力的提升，也不能达成所愿。而人的成长，是梦想连着梦想。

有这样一句话——摔倒后不会无条件重新站起来。

无法成功，那么就从中捡拾起与成功相关的片段，总结教训就好。

除了明白努力不一定成功这个道理，还需细细总结失败的原因。

方向对了，方法对不对呢？方向和方法精准，事半功倍，也不会白白浪费时间和精力。在方向和方法精准的情况下，也要注意反馈，不断调整，才能慢慢导向成功。

一点点去理解商业社会，也更清晰地一点点看见自己。"脆弱的事物喜欢安宁的环境，反脆弱的事物从混乱中成长，柔韧的事物不太在意环境。"做人，要柔韧刚强。

那么，是继续自怨自艾、继续偏离、继续摔跤，还是总结教训谋求下一次的成功？怎么选择，看你。

"隔壁的草地格外翠绿"
关于"别处工作环境更好"的偏见

有句俗语——隔壁的草地格外翠绿。

大家一定有此感触,自家花园的草坪本来很漂亮,但是总觉得邻居家的草坪更加青翠欲滴。这就是我们所说的,别人的东西怎么看都觉得好,"隔壁的鲜花分外红艳"。

这种心理,我们或多或少都有一些。

在工作方面,我们总是认为"在这个公司,我根本发挥不出自己的水平,要是在别的公司,我肯定会更加活跃出色……""那家伙的工作,又轻松又容易得到好评。和他一比,我呢?活多活重,还总挨领导批。为什么总是我来干这种苦差事啊……"这就是"隔壁的草地格外翠绿"的感觉。

其实,理想的职位,并不是原本就存在的。在自己的职位上努力使自己变得更加出色,则是可以抵达的状态。

禅语中,有"大地黄金"之说。

意即大地上本无黄金,但是通过努力可以让自己所站立的大地铺满黄金,熠熠生辉。如果潦草行事,心怀偏见,那么就无法出众,只能出局;如果心里总是想着"肯定会有别的好地方……",那么就难以走出烦恼的泥淖。

自身熠熠生辉之处,是创造一个熠熠生辉的位置和状态。也就是说,无论是日常工作还是项目,要努力做一个不可或缺的角色。

"这个工作如果没有他(她),就不会有这个效果。"

"除了他(她),没人能胜任这个项目。"

如果别人这么看你,那么在这个团队中,你的位置自然坚不可摧。

"尽管如此,现在的工作实在是太没意思了……另一个地方会更好……换个职位也不错……"我们时常怀有这样的想法。但是，真正精彩的是"自己"。工作究竟是丰富有趣还是索然无味，这个与之关系并不大。而且，并不存在一开始就非常有趣的工作。

有这样一个故事：一个服务生最初来到酒店工作，被分派到与停车相关的部门工作。酒店的工作中，前台接待、餐厅及酒吧等，应该是"更有意思"，也是更好的位置。

不管怎么说，负责停车的工作的确是很无聊的。这个服务生却是竭尽全力摸索出了这份工作的精髓，兢兢业业不辞辛劳地努力着。那么，结果呢？

这位服务生记住了所有使用过酒店停车场的客人的面容和姓名。当客人开车来到酒店，他会问候："某某先生，欢迎您光临。"当客人离开宾馆的时候，他会说："某某先生，请您小心驾驶。期待您再次光临。"

客人面对这样的问候和服务，心情自然是愉悦的。每天接待成百上千客人，这位工作人员竟然清清楚楚记得客人的名字，真是一件令人愉悦的事情。

这位服务生也因此成了酒店停车相关部门的明星，从而成为不可取代的重要人才。

"在自己的职位上熠熠生辉"指的就是这种热爱工作、深度工作的状态。当然，对每个人来说，没有比这份工作更加意义重大、更加有趣的工作了。

无论什么工作，都可以为之付出努力。多一份努力，也就让自己多一分色彩。两份的努力，则会让人收获更加浓墨重彩的效果。

久而久之，日积月累，就会有这样的评判："同样的工作，他（她）就会做出不一样的效果来，所以，这工作，非他（她）莫属。"因而会有机会得到擢升。《论语·宪问》："不患人之不己知，患其不能也。"不着急别人不知道我，只着急自己没有能力。就是这样的道理。

禅语说"随处为主、立处为真"。

无论身处何处，都让自己成为主角，那么你所处的位置就会出彩，你自身也会熠熠生辉。所谓"主体"，就是让你自身找到最佳的位置。

被十二时辰所用，还是用尽十二时辰

当你无法集中精力工作的时候

"啊啊，忙死了！"

这恐怕是日本上班族最爱说的一句话了。

不过，这句话也蕴含着一种含义，意即忙碌是一件好事，是有工作能力的证明。在其中，不乏有人打开密密麻麻的日程本，顿觉满心骄傲。

但是，忙得团团转的状态，真的值得骄傲吗？

那就不妨先来看看"忙"这个字。分开看，就是由"心"和"亡"组成的。把心安放到哪里已然忘记了，"心"消亡了，只是一味地走下去，片刻不停。于是凑成一个字，也就点出了"忙"的含义。

中国唐代末期的禅僧赵州禅师有这样一句话："汝被十二时

辰使，老僧使得十二时。"

意即你们是被时间所用，而老僧（赵州禅师）则是尽情使用了全部的时间。

被时间所用，即被时间追逐；而用尽时间，则是自己占据主导，自由自在地使用支配时间。

这个差别，是决定性的。被时间追逐为时间所累，就会专注力欠缺，工作上容易引起失误和挫败。例如，如果正在解决某个工作上的问题，心里却在想："这个问题解决了，接下来该做什么呢？噢噢，对了，是那件事，该着手了……"这就是典型的被时间追逐的状态。心里想的是接下来的工作，而不是当下的工作内容。

因为心无处安放，无处可寻，所以谋求专注也就很难了。当然，这也必然会引起失误。

为了能够自由自在地支配时间、使用时间，就要专注于眼前的事情、当下的工作，而不是其他。

所谓集中专注，就是把心好好安放。

有一句禅语,即"身心如一"。

意即身体和心灵,本是一体。应对工作的时候,如果能够身心一体,自然就会精力集中,也就不会产生失误了。

工作常有悬而未决、不可预料的事项。经常是忙于此事,犹在思考彼事;一方面着手这边,另一方面又在思虑着那边。这是常有的状态。

但是无论什么时候,实际上能够做到的,不过是"现在"和"那个"而已。

无论怎么想、怎么思考,也没法改变已然发生的事情了。这一点一定要注意到。

身体和心灵本是一体,无论何时都要集中精力于一件事情。所谓自由自在地使用支配时间的姿势,赵州禅师所说的"用尽十二时辰"的姿势,便在其中可以获得。

工作中无法集中注意力,是不是要调整一下工作方法呢?比如,在清晨的时候,是不是适合处理难度较高的事情呢?下午精力特别不好时,是不是可以处理一些不太需要费脑力的杂事呢?

伯克说："良好的秩序是一切美好事物的基础。"愿我们拥有有秩序的头脑，也能够活在此时此地、此时此刻。

我们唯一拥有的是当下，此念。

《僧祇律》上解释："一刹那即为一念，二十念为一瞬。二十瞬为一弹指，二十弹指为一罗预。二十罗预为一须臾，一日一昼为三十须臾。"

一日一夜＝昼夜＝24小时＝86400秒，

一须臾＝86400/30=2880秒，

一罗预＝2880/20=144秒，

一弹指＝144/20=7.2秒，

一瞬间＝7.2/20=0.36秒，

一刹那＝0.36/20=0.018秒，

1秒钟有3600个当下。

所谓一念之间，包含八万四千烦恼，这也就是我们的人生。愿我们能够一心不乱，获得坚固之力，成就一切智慧。

喜欢才会擅长
当你羡慕他人的时候

"那个人企划能力好强,根本没法和他竞争啊……"

"交涉方面的工作,没人能比得过他。"

的确,有这样优秀的人,拥有一眼能让人看到的能力,这样的人在职场上是非常有竞争力的。如果你身边有这样的人,就难免会想:"我自己也做不到这么厉害啊……"

一味地羡慕他人,为此烦恼,那什么也不能做。每个人都有强项和弱项,在擅长的领域,自然很厉害。但是,很多时候,我们习惯把目光放在不擅长的地方,而对自己擅长的地方,总会忽略掉。比起"自己能做"的,更加关注"自己做不到"的。

有人即便有了完美的企划案意向，但是在执行方面绞尽脑汁也很难顺利完成，然后就会认为："我真是在企划方面没有能力啊……"这样，你就忘记了自己擅长推进进度，总想着"我做不到"。

想把不擅长的转化为擅长的，即使付出再多的辛劳，也很难有结果。这样，总想着做不到的事情，自然也无法以清净之心工作和生活了。

人为什么总把目光投向自己不擅长的事情上呢？其中很重要的一个因素是攀比。还有一个心理就是自卑，觉得自己"好像没有什么擅长的……"。

如果是这种情况，你可以这样想：

有没有做哪件事时非常投入，忘记周围的一切？

有没有做哪件事时，从不想着回报？

这些让你执迷的、不急功近利的事情，就是你擅长的。这些你热爱的东西、珍重的东西，愿意花时间追寻的，也正是你擅长的。有一句谚语说："喜欢才会擅长"。

比如，有的人在为老客户送去资料和文件的时候，喜欢在信封上填写"姓名"。这样的人，擅长写字是一方面，另一方面，字写得也一定是非常漂亮的。

我们借此延伸分析，字写得漂亮是一种才能，想要具备这种才能，就要尽早养成这个习惯。这所谓的"拓展的优势"，是指在这个电脑打字机普及的时代，收到一笔一画书写的贺年卡，对方一定会觉得非常特别，非常感动。

"这个是什么？噢，是某某公司的某某君。这个时代还能亲笔写出这么好的语句，收到这个贺年卡真是太美好了……"

客户自然会留下如此的印象。如果客户年年都收到这样的贺年卡，一定会对某某君抱有好感。某某君在客户心中，亦会留下极其深刻的好印象。这样会让某某君变得很"厉害"。

店名书写妥帖，料理内涵丰富，熟悉对方的想法，与店员多方交流……

"承蒙贵社接待，每次都事无巨细，每一个微小之处都非常周到，真是非常愉悦的体验。"

这样，公司整体的评价也会随之攀升。这自然也是当之无愧的一种"厉害"。

向对方真诚地说一句"早上好""欢迎光临""感谢您的关照"等，使用完美的敬语，优雅的奉茶方式……也是非常美好的事。

你一定会发现自己擅长的事情，也会让自己"厉害"起来！一方面是发掘自己天赋热爱所在，另一方面是有意识地训练自己。你拥有的本领越多，对未来的忧惧越少。

"同事",与对方同喜同悲

你想要说出"抓住人心的话"的时候

有些人觉得自己不善于和他人交流,特别是在很多人面前讲话。

日常中,演讲、致辞、会议,在许许多多场合,即便是特别不善言辞的人,也不得不发表一番言论。公司以外自不必说,即使是在公司内部会议上讲话,他也相当紧张。"不擅长讲话"的人,绝非少数。

讲话的目的,自然是为了推销新产品,推出新提案。行业不同内容各异,但关键点是一样的,即是否能够出神入化地提供产品的详细阐述。

"当然了,我对自己讲的内容很有信心。可我就是对讲话本身没有自信啊,我就是紧张得厉害……"

的确，在那么多人面前进行产品说明，是"一对多"。被无数双眼睛盯着，听众心里可能想着："究竟要讲什么内容啊？好吧，一起来听听吧"，然后将目光投向一个人。演讲者不紧张，恐怕真的是很难做到。

那么，究竟为什么会紧张呢？演讲者心里可能想着"一定要好好讲！""必须完美……"，于是就抱着一种急于求成的心态，特别是当有大老板到场，心中难免会想："我又不是新来的职员，当着这么多人讲话真有点不好意思啊……"；而如果演讲者是在公司外演讲，肩负着代表公司的职责，更是一心一意要谋求一个"结果"，还会有这样的想法掠过脑际："下属面前不能丢面子，绝对不可以做不好啊……"

演讲，要想不紧张，首先要舍弃这种急于求成的焦虑心态。

与其急于求成，不如专注研究一下发表的提案内容，这是大前提。以什么样的切入点开始、如何把话题展开、如何得出结论做结语……可以先来一场实战模拟。细节全部做好了，演讲者就会有底气，心情自然也就安定沉稳下来。

但是，如果过于拘泥于模拟彩排，听众难免会觉得缺乏兴趣点，演讲也就不会成功。

"喂，喂，关于这一点本想再多听一听解读的，可一下子就过去了，说得不够啊……"这是因为演讲者太局限于演讲文稿，而忽略了听的人的反应。这一部分紧紧抓住了要点，这个地方让人呈现出兴趣颇浓的表情来，等等，都是演讲者不可以忽略的细节。

必须抓住的重点要素，是那些即使和演讲文稿有出入但是包含其中的关键内容；而对于能引起受众兴趣的关键点，是有必要发挥临机应变的能力的，那么模拟发表也就成了一个具有原始参考意义的"原案"。

为何我身为禅僧，却能为诸君带来此种建议呢？

我也很不擅长演讲。站在演讲台上，有好一会儿都难以适应，但是我渐渐学会了"站在听者的位置来思考"。

道元禅师有一句话，叫作"同事"。和对方一同感知欢喜，一同接受悲伤。这一切的前提，即是要站在对方的立场，所谓"同事"，便是阐明了这一点的重要性。

如果站在听者的立场，那么就会发现一些问题，例如"这里不加以说明，好像不太好理解""这个地方容易有疑问""这部分如果精简下，会更好一些吧"……

这并不是单方面的主张，而是要充分汲取对方的意见和感受，采取一种让对方备感行之有效的说话方式。

这种让对方充分听到、感知到的演讲，无须多言。在此列举的种种关键点，希望演讲者能在准备阶段考虑一下，或许就可以消除对发表演讲的恐惧，也会消除自身不擅长的这种认知了。

如果真的很紧张，是不是应该多练习几遍呢？是否可以对着镜子练习每句话呢？又或者提前到现场练习一遍呢？

总之，演讲要抓住内容要点，同时努力做到与受众同频，要在心里说："一切准备就绪！"然后带着自信开始演讲。

此时，此地，自己
当发生了"决定性的失败"

职场上经常会出现预料之外的状况。

一项投入大量人力财力的项目中途停止，虽然你一心想继续下去，却未能实现。这种意料之外的情况很让人难过。就好像一路沿着梯子辛苦攀登，结果却意外地踩空了一样，对相关人员而言是一种精神上的损伤。

因为从事园艺设计的工作，我有机会参与比较大型的项目，所以必须面对项目中途受挫停滞这种超出预想的情况。

那么，如何接受这个现实呢？

如果是合作项目，因为对方的原因导致项目停滞，那么只能接受现实，别无他法；如果是自己无法拿出真正有效的解决方案，那只能将损失程度降到最低，转换思路和调整情绪，投入到下一个项目中去。

《论语·八佾》："成事不说，遂事不谏，既往不咎。"即，已经做了的事不便再解说了，已经完成的事很难再挽回了，已经过去的事不要再追究了。

如果不停地纠结于自己决定不了的事情当中，那么就会烦恼不断。说得直接一些，简单一些，那些不是自己的原因所造成的问题，"不行就算了"。

这世上，有太多根本解决不了的问题。所以最好放弃，放弃了也没什么。项目停止也是"必然的结果之一"，不妨就这样想。

"放下著"这句禅语，即是说我们要懂得放弃。放弃停滞的项目，会让我们的心灵得到放松，寻求最佳的解决方法。

如果是自己的公司独自承担的项目出了问题，那么，处理起来情况稍有不同。

最终宣布终止项目之前，无论如何都会有一些"预兆"，就有必要采取尽可能的措施预防危机。

禅 与 清 心 工 作 技 艺

质疑利润核算，那就要钻研有关核算的问题，想办法制止质疑的声音；最初的预算出了问题，那就要想尽办法压缩经费……

总而言之，就是采取一切可以采取的办法应对。如果项目不能推进，那么也会因为自己已经竭尽所能，而怀有一种"自负"的心理，支撑着自己的身心。如果想着"若是当初再努力一下……"心中必然充满悔恨，心情也会一落千丈。

所谓竭尽全力，是指自己置身于那一刻，全力以赴完成了自己能够做到的一切努力。

禅宗里，有"现在""本处""自己"的说法。也就是说"此时""此地""自己"的意思。确切地说，此时当下，自己身处此地，就必须全力以赴。

中国美学大师朱光潜的座右铭：此时、此地、此身。

此时我能做的事，绝不推诿到下一时刻；
此地我能做的事，绝不想着换另一个境地再做；
此身我能做的事，绝不妄想他人来替代。

如此，只要努力了，无论结果如何，心中不会有什么波澜了。无论何时，都需要一颗整拂清爽的心灵。

素直，既平且和
被投诉者困扰的时候

从前，我所在寺庙中有这样一位和尚。

给他打电话的都是住在附近的人，而这位和尚在接听电话的时候总是说："噢噢，这样啊……那可挺不好办啊。嗯，嗯，是吗……"

事后问起，原来是住在附近的人家，因为树倒了横卧在门口，不知道该怎么办。

住在附近的人想寻求一些建议，想听听好的处理办法，如果那位和尚就此给出建议，"你要不要试着这样做做看呢……"，那这个电话似乎无法快速结束。

如果不这样做，"啊啊，原来是这样啊……"这样平静地聆听，对方说完想说的话后，就会说句"非常感谢您听我说这些，打了这么久的电话，真是打扰您了"，从而结束这通电话。

这种说话方式，也可以用来应对"抱怨"。

在公司中，有的人很喜欢抱怨，一旦遇到什么情况，就爱抱怨。对于这样的人，可以说"啊啊，这样啊……"。

很多企业都设有"客户服务部"，就是专门为了应对投诉的人而设的，也正因这样的部门始终存在着，这世上爱投诉的人数不胜数。最让人头痛的，是那种投诉的"熟客"。

乐于投诉的人，是借此来感知自己的存在感和价值，所以才执念于此。

面对这样的投诉者，如果正面应对，往往是难免语无伦次，没有逻辑，所承受的压力更超乎想象。

投诉者也想借着投诉来分散和分化自身的压力。直面对方的抱怨，也是一种极大的压力。

无尽无休地应对这样的投诉，仅仅是听，就能让人变得抑郁。

那么，不妨尝试那位和尚的做法。

对方盛气凌人，或是气势汹汹，不要和对方一样激动。要采取"噢噢""唔，是吗""原来如此啊"，类似的不紧不慢的语气来应对。重点是，不要迎合对方的情绪。

无论说什么，都保持"不紧不慢的节奏"，对方想争执的欲望也就慢慢熄灭了。也就是，让对方白费力气。

能够畅所欲言，对方的情绪就会多多少少稳定几分。这是既平且和的心态。

无法按照自己的步调交流，是最让投诉者伤脑筋的。"就是打了投诉电话，也没啥意义"，那么一项个案也就告一段落了。这位和尚的处理方式一定要试一试。

当然，也可以仔细想想，为什么人们会抱怨呢？是不满意你的产品，还是不满意你提供的服务？仔仔细细听下来，渐渐就能发现自己工作的纰漏。

请不要惧怕抱怨，这也是改善自身的契机。有则改之，无则加勉。错了，就改正，这是"素直"。

人生不能完全做自己喜欢的事

· 究竟该如何看待忍耐？

人生不能完全做自己喜欢的事，但是自己所厌倦的事倒是要尽量避免。究竟在哪里才能最大限度地发挥自己的才能呢？心里这样想的人，恐怕不在少数。

一家企业有各种各样的部门和岗位，究竟在哪个岗位才能发挥自己的才能，弄清这一点至关重要。但是，也有人希望通过自己所属的部门和岗位，磨砺自己的职业能力。

当然，有时并不能选择自己喜欢的部门和岗位，如果抱着"不应该这样"的想法，感到心灰意冷，自己的职业规划就会被破坏。

但是，即便是被安排到并非自己喜欢的岗位，其实也是自己与这份工作的缘分。

禅宗认为，缘，带着超越自身的力量。所以，在现有的位置不懈努力，才能为自己的职业生涯打下基础。

在大学中都是依照学校设置的课程推进学业。依照专业的分类，打好基础。职业生涯亦是如此。首先在被分派到的所属部门好好打基础，将来继续磨砺事业根基，在此之上获得更大的能力。

但是，人都有与生俱来的特性。如果从事的工作和自己的性格完全不相容，那么还是尽早放弃。

例如，非常不善于动手的细致活，却被指派到相关的部门，继续从事不擅长的工作，就会感觉身心俱疲。如遇这样的情况，应该尽快转到适合自己特长的工作中去。不过，这种情况倒也并不多见。

"说是为职业打基础，可如果是自己不喜欢的工作，还是会觉得很无聊啊，一点干劲都没有……"

一定会有人这么想吧。特别是年轻人，瞬间就能得出"喜欢""厌恶"，或是"合适""不合适"的结论。然后，几个月后就会断然辞职。可是,真的可以在那么短的时间内下结论吗?

坦白地说,这恐怕是耐心和耐力不足的表现。

行脚时代的禅宗修行,即是为了耐心与耐力。这也是十分严苛的修为。

当然,禅僧和普通人不能同日而语,但是无论从事什么样的工作,忍耐绝对是必要的。

可是,究竟该如何看待忍耐?是不是总有一种"一味地委曲求全"的感觉?

但是,我有一种不太一样的感受。"忍耐"更有一种积极向前的意味。春日来临,花木结出花蕾,继而绽放。让花朵绽放的,是春风。但是,并不是所有的花蕾最终都能绽放。

春风吹拂,对每一朵花蕾都是"公平"的,然而最终能够绽放的,是那些充分准备的花蕾。那些准备得不够充分的花蕾,即便迎承了春风的吹拂,也无法最终绽放。不知道下一场春风何时到来,那花蕾就只能含苞而终了。

既要有春风的"缘",亦要有花蕾鼓胀的"因",因缘相结,才能花开。无因，缘亦不得所终。此乃禅意。

我想，所谓忍耐，即是鼓胀花蕾的准备。工作方面，机会是均等的，但是能够抓住机会的，永远是有准备之人。即便不得不从事不合心意的工作，也要忍耐着，努力着。一方面是为自己的职业生涯夯实基础，另一方面是为了实打实地抓住机会而做准备。

"总有一天，一定要干自己喜欢的工作。唉，可是啊，真是渺茫……"不要带着这样闷闷不乐的想法，一心一意准备吧，全身心投入。

全力以赴去努力，花朵自然会绽放。

柔软心：人情和心情
"利落地表达见解"的语言方式

有不少人喟叹自己不善于沟通交涉。

与人面谈，不知不觉地会被带到对方的立场和决策之中。

总是找不准时机，把自己的想法和态度精准地传达给对方。

这是首要的"胜负"，所以就很难心平气和地冷静对谈。

也会有人表示赞同："是啊，是啊。"

"一直坚持这个价格啊！和我们的核算可不太相符啊。再去谈谈！"

看到下属总是谈不妥价格，上司怒不可遏的斥责之声不绝于耳。

年轻时不会沟通想来还是可以接受和宽恕的，但是工作了很多年之后，还是不懂得如何沟通，实在让人伤脑筋。

近来，有很多公司策划了提高交流商谈能力的美国风格辩论研修，旨在如何以雄辩击败对方，提高相关的能力。

的确，有一类人能够口若悬河，毫无阻碍地表达出本公司的诉求，并且能顺利结束谈判。但是，这样就真的可以说是"谈判能力很强"吗？

我多少有些异议。

禅宗里有一个词，叫作"柔软心"。

意即温柔而柔软的心灵。就谈判而言，最重要的不是善于辞令，也不是观点的强势，而是这种柔软心。

那么，如何能够实现"激活柔软心的谈判"呢？

在谈判的过程中，必然存在对方的立场和自己的立场。

双方都恪守着各自的立场，努力寻找"落点"。如何抓住机会，判断对方向哪个方向坠落，是最关键的。

总想着要表达"自己的观点"的人，在这一方面就会显得薄弱一些。

学会专注，长时间地专注，专注于对方。这是让心柔软的关键。

在提出自己的主张之前，需要聆听一下对方的话。这是成功谈判的出发点。

即便不善于谈判，言辞表达方面也缺乏自信，但是"聆听"是可以做到的。认真聆听对方的话，肯定会听出脉络节点来。

"方方面面的条件都没问题，纠结的应该就是成本啊。最终的关节点应该在那里了。"

早一些读懂对方的意图，谈判的步调就会向己方倾斜。

阐述自己的观点，也要考虑到谈判的步调。这个是反向的。也就是说，掌握谈判步调的关键，实际上是聆听对方的话。

接下来，为了把控"最终论点"部分的主导权，要从各个方面推进话题的进程。或尽量早一些进入关于"成本"的商讨内容；或绝口不提"成本"而是从其他方面发力，反而更加有效。这多是在聆听对方观点的基础上做出的判断。

当然,即便不是思路清晰的表达也没有关系,我们要的是"关键点"。所以,拙嘴笨腮、表述僵硬不足以决定谈判的胜负。

即便肩负着公司的重托,谈判最终也是个体之间的较量。这一点一定不能忘记了。一切都无法摆脱人情和心情。

即便是自己一方完胜,对方也会觉得:"真是毫无人情味啊,以后和这个人再也不会有交集了。"倘若给人留下这样的印象,自己也就因此失去了职场中最重要的人脉。不仅如此,通过这个人将"这个人没有人情味"的评价散布开去,还会为其他谈判事宜制造障碍。

例如,自己获得百分之六十的受益,将可以退让的部分退让出来,让对方也觉得"这是一次很棒的谈判",这样自己或许会得到额外的收获。我是秉持着这样的观点的。这样会形成真正意义上的人与人之间的关系,也就是充满了信赖感的关系。

如果只是一边倒地追求"工作效率",恐怕是找不到这种充实感的。

中国有句名言:不俗即仙骨,多情乃佛心。"多情"即"有情"，一切众生，本身是有灵知、有情感的生命。生而为人，你要有情且情深。

正如中国历史学家许倬云所说：人类之不同于其他生物，也就是在于我们知道如何规范自己、培育自己，如何彼此合作，如何减少弱肉强食，唯力是恃。人类有了提升自己性灵境界的反省和启悟，遂得在顺畅时自制，在横逆时不馁，在无可奈何时宁静。

珍视"当下"和"那一瞬"
无论如何都觉得会有风险的时候

有一种人,不管做什么事,都谨言慎行。

当然,若是草率笨拙增加了失败的概率,谨慎倒也不是坏事。但是,如果遇事一味地谨慎小心,迟迟不付诸行动,那么即便有许多成功的机会,也会一点点溜掉。

"必须这么做,才能规避风险,才能对工作有利……"

这种想法自然没错,不仅仅是工作,人际关系也是一样。这世上,不存在没有"失败"可能性的事情。换言之,无论多么谨小慎微,也不可能化解一切风险。

瞪大双眼只盯着风险,那是一种保守的姿势。打个比方,就好像为了抵御敌方的攻击,在自己的阵营中囤积沙袋,筑牢防御工事,却并不知道敌人究竟从哪个方向出击。"从这边打过来太危险了""若从这边过来好像没事吧"……种种不安,难以消退。

固守防御自然重要,但是也必须考虑如何抓住最佳时机进攻。

步步逼近的敌人,不会目不转睛只是盯着你的阵营,而是会迅速精准地直击中心据点。这样,辛辛苦苦囤积的沙袋成了无用的累赘,费尽心力却一无是处。

禅僧所言的譬喻,即是因为预感到危机而慌张失措。所谓带着"必须有风险意识"的这种想法应对工作,也是属于同一种状态。

你制订了工作计划,忽然发现"等一下,这个地方存在漏洞。不规避这个风险就没把握成功了……",接着思忖规避风险的办法,然后又发现"哎呀,这个地方也有风险!"漏洞层出不穷。反反复复,计划很难向前推进。

最终,其他公司制造出了类似的商品,也开展了同样的业务。而你因为被风险意识所累,导致失去了最佳的发展速度,给自己造成巨大损失。

你竭尽全力寻找的规避风险的对策,最终竟然化为泡影,这会让自己受到精神重击。

"在那个节点如果能着手计划一下……"

"要是那个时候能果断一点……"

反反复复追悔莫及,这也是压力的成因。

那么,就来想一想,究竟什么是风险?

所谓风险,并不是现实中真实发生的事,而是假想中"有可能会发生"的事。也就是说,也是"有可能不会发生"的事。

当然,对于十有八九会发生的事情,自然有必要提前做好规避的准备,但是如果概率没有这么高,就不必这样了。

实际上,我们需要直面实际问题,思考并判断哪些是必要的。

面临危机和风险,采取这样的应对方式也不错。

有一种说法认为"进攻就是最大的防御"。采取进攻的姿势,或许就会解决风险(即潜在的问题)。

禅宗教诲我们,要珍视"当下"和"那一瞬"。

诸事有"当下"应该立即行动的,也有过后的"那一瞬"再行动的。这便是被有可能不会发生的风险所累。

竭尽全力一路向前。为了工作或项目的成功而一路向前，这是至关重要的。所以，不必担忧。开动的车轮，多少会避开一些险恶的路途。

这也正是禅与明智行动的艺术。

恐慌与一心不乱
当你为失业或未来担忧的时候

现在是一个人人皆怀着不安来生活的时代。

放眼看看经济前景，看不到希望，想到自己从今往后的人生，就会感到巨大的不安。

在经济尚可的时候，我们并没有觉得未来会如此艰难。在全球化进程下，我们的经济直接受到了外来经济的诸多影响。因为与之有关联的其他国家的缘故，引起经济状况的变化，这类影响确实已经波及日本。如果再遭遇政策变化的状况，这种负面影响则是不可预料的。

事实上，过去由于石油危机、雷曼事件等，日本的经济受到了莫大的影响。全球化进程越是向前推进，日本经济的不安定因素就越发增多。

此外，日本的企业也有了"体制"上的变化。以往，日本的企业都是沿用终身雇用的原则，一旦入职，就要在该企业一直工作到退休。

所以，二十几岁结婚，紧接着有了几个孩子，然后在四十几岁的时候有了自己的房子，上了岁数就靠退休金和养老金生活……这就是顺理成章的人生计划。

但是，现在的情况变了，终身雇用制的体系已然崩塌，结构调整成为企业存续的最有效手段。不知何时，失业成了常有的事。这就是工薪族的生存现状。

无论做出怎样的人生规划，还是有始料不及的状况发生。

想来，这就是日本经济的现状，这就是职场工薪族的现实，所以未来很难预测，内心的不安也是自然。

此时此境况，个人对企业的现行体制也就生出了无尽的忧虑。

本来，日本的企业运营是以"人即是资产"这一思维作为立足点的。但是不知从何时开始，日本也受到了"人即是成本"这一美国式思维的严重侵蚀。

结构调整，就不存在因同情而引发的原谅。现实就是这样直接。

但是，无论是新技术开发，还是把已然确立的技术传给下一代，说到底，都是人。我个人认为，企业应该重新审视一下这个问题，重拾这种传统，从美国式思维中转换回来。

也就是说，在工作机会均等的前提下，尽量守住人才。一百成的工作，减少到七十成，再把这七十成的工作分派给大家，收入减少了，但是并不是减员，而是大家一起承担。这或许是更适合日本企业的方式。

当然，让企业做到"回归日本型"，需要一定的时间。在达成回归之前，个人如何承受内心的不安，又该如何消除不安，这是非常切实的问题。

这个问题的答案，正如本书中反复提及的，"自己必须做的事情，一定要全力以赴去做"。

"做必须要做的事情"也就是"在这个企业中，要努力做好自己的本分"。

从企业的角度来看，也会认可你在自己的岗位上充分发挥作用，你也会充满存在感。这样的人才，自然不会受到结构调整的冲击。

禅对于"不安"有着这样的应对——这是源于禅宗开山达摩大师和他的后继者二祖慧可之间的一段公案。

一日，二祖慧可去拜访达摩大师。

"我今日无论如何都难以摆脱不安之心。如何才能剔除不安，谋求安心？请您赐教。"

对此，达摩大师答道："这样啊……那好，你先把不安的心放置在这里，我来让它变得安宁。"

二祖慧可努力搜寻"不安"，却怎么也找不到具体的内容，于是便如实告知大师："一直在寻找不安的心，可是找不到了。"

听罢，大师断然说："我已经让你安心了（已然身处安心之中了）。"

所谓不安，并不是具体的，而是自己的内心制造出来的。因为这桩公案，便有了"达摩安心"这句禅语。

不安随心而生，随心而灭。这便是禅的思考。

做自己应该做的事，一一完成手边的事，内心就会十分充实。

自然就没有多余的间隙不安。

如若不能如此,自然就会有多余的间隙而心有不安。

"其实人一直在止的境界,你一静,要它静下来就静下来了嘛。"一心不乱,由止就可以得定。

所以,努力去做自己应该做的事情吧。

禅与明智行动的艺术
当费尽周折也无法出成果的时候

随着网络的普及，信息已经变得很容易获取了。

普遍现象是，很多人认为，只要浏览过信息，然后将之塞进脑子里，就算对某件事"了解"了。而当我们想对此进行论述时，却只能空空而谈。

脑子里装满空泛的经济理论，对于现实中不停运转的经济活动其实是没有什么作用的。直言不讳地说，理论能让商品卖出去吗？

禅宗非常重视实践。

坐禅是最重要的修行，这也是通过身体完成的实践。关山慧玄禅师曾留下这样一段公案。

禅师退居草舍，隐遁而生。一日，忽然下起了雨。因为草舍敝陋，就开始漏雨。禅师就命弟子们取来接雨水的容器。

当弟子们思考究竟什么容器比较合适的时候，有一个弟子马上拿出了一个笸箩。笸箩满是孔隙，会把水漏出去，这样的容器自然是不适合接雨水的。

但是，禅师非但没有斥责那个弟子，反而夸赞了他。其余弟子们的脑子里一味地想着什么才适合接雨水，身体却没有行动，因为思考而心生迷惑。首先，要有所行动。手脚并用是关键点。在行动的过程中，发现笸箩不适合接雨水，那就再去找其他容器。

禅师的意图，便是如此。

思考绝非坏事，也绝不可以不用头脑。理想状态，是在行动过程中思考，在思考的同时付诸行动。这亦是禅宗所示的目标。

我想说的是，只空想是什么也做不了的。例如，开始一项工作之前，考虑一下顺序和阶段是必要的。但是如果没完没了地纠结，这个怕是不行，好像那个也不行，这项工作就很难向前推进了。

比起这种状态，应该果断采取实际行动。开始收集资料之前，需要先整理思路，再确定从哪里着手，然后开始推进工作。程序确定了，行动并没有开始。行动起来了，就有可能想出新的计划和方法。

举个例子，在道歉的时候，行动力是最为重要的。

"唉，怎么道歉比较好呢？面对面道歉，太为难了吧？那，打电话吧。要不发个邮件……"

在纠结的过程中，对方的怒火早就翻倍了。错过了道歉的时机是最致命的。应该迅速找到对方，低头表达歉意，即便语言显得笨拙，也能够充分传达你的诚意。

一切都靠实践行动。把这份"禅之心"铭刻于胸，就会规避很多失误。

第二章 你是清新上扬的力量

创造温暖、清心的人际关系

带着自己的真心,向对方传递心意,这是交流的本质。

既来之，则安之
当你对"新的环境"畏缩不前的时候

置身于新的环境，个人一定是惴惴不安的。

同事都好相处吗？能够畅所欲言吗？一切都不是很熟悉，很困惑很焦虑，是吧？

在职场，因为职务调配和换岗等原因，职员时常需要应对意外情况的发生。

好不容易适应了，又要换岗位——诸如此类的情况，工作经验尚不丰富的年轻职员可以这样想："能到各个部门去工作，就能多熟悉业务，也是一种学习。"

在新环境中，在建立新的人际关系的同时，去新部门的人，会略感不安。

接受新人的一方，会带着敏锐的眼光考量："这次，会调来个什么样的人呢？"倒也不是说多么故意责难，但是在好奇心的驱使下，自然会挑剔和苛刻。

"这个人，究竟怎么看我呢？"

"某某君，真是头一号的不好对付啊。那以后可怎么应对呢……"

在新的部门，如果天天都思考这些，自然会感觉压力重重，也就无法专注工作了。

四五十岁的人，已然积累了丰富的工作经验，他们经历人事异动也大都是从一个部门到另外一个部门当领导。

在一个组织机构中，有各种各样的信息，其中就包括"人物评价"。

"新来的课长，看起来挺顽固的……"

"听说没？新部长挺有能力的。以后估计会管理得特别严格了……"

总会有诸如此类的声音。无论是好的评价还是糟糕的评价，都有"先入为主"的成分。这是个人很难改变的状态。

人事异动和岗位调换，都会改变一些惯常的状态。周遭全是新面孔，而且还连带着需要搬家。离开已经住惯了的地方，来到一个陌生的天地，与周围的邻居和周边的一切交往都是从零开始。无论是问候邻居们，还是私生活的方方面面，会在此时出现各种各样需要应对的状态。"既来之，则安之。"

以往，日本有一个习俗，就是迁居的时候要给邻居们准备荞麦面条。这其中满含着"琐琐碎碎，久久长长。请您多关照"的意味。这是江户时代开始兴起的习俗。

"我是刚刚搬到隔壁的某某。从今以后，还请您多多关照。这是我的一点点问候的心意，请您品尝。"

问候的范畴，是附近的三五邻里。而这种习俗，近年来的年轻人似乎都不太知道了。当然，准备的问候礼不拘泥于荞麦面条，可以是豆沙包、点心等，简单的小心意即可，此后的顺畅交往，靠的就是智慧了。

这个方法，其实也可以在组织机构人事异动的时候试用一下。

可以适当地表达一下心意，不必过度准备。

例如，带着"从现在开始就要和大家一起共事了，请多关照"的心思，准备一些微小的心意即可。

在充斥着好奇心，抑或火药味的气氛中，这是一股温柔和煦之风。而这种小心意所营造的"第一印象"，或许就可以改变迎接新上司的诸位下属心里的那份"先入为主"。

在同一个公司内，有人或许会担心这个做法有阿谀奉承之嫌。其实是没有必要的。这只不过是一点心意，寄于某种极其微小的有形之物而已。

那么给大家分发的问候礼，在现场就可以吃掉的东西，是最合适不过了。

"真好吃呀！"第一时间就会有这样的感触，这也成了交流对话的契机。"我家附近有家和果子老店，柏饼很有名，五月份的时候再带来跟大家分享。""哇，好期待啊！"

这其中，会有人属于不善于"热情的表达"的类型，不妨试试发出邀请："那，咱们下次去喝一杯啊？"

不管怎么说，"先下手为强"是关键词。

坐等别人主动开口问候交流，这就会让人感到不舒服，很焦虑。当感觉到自己被关心被在意的时候，没有人会对对方感到厌恶的。

"每年都有人事异动,但是从未有过这样给我们带来小礼物的人呢……"这样一来,整个氛围自然就会变得温暖起来,一切紧张也会瞬间化解。

即便是自知非常保守畏缩的人,当初也是很积极的。而你没有必要做过度的问候和巧言的寒暄,就简简单单说一句"大家好好品尝吧",然后打开点心的包装,传递你的关怀和关照,就可以了。

禅 与 清 心 工 作 技 艺

守 拙
如果没有好的口才

时常有人会觉得自己笨嘴拙舌。特别是从事经营销售方面工作的人，这实在是很要命的事情。"我这人嘴笨，所以销售什么的实在是干不来，从接到指令开始就这么想，一直到现在都适应不了……"

但是，无论多么口拙，一旦接到了工作的命令，也是没办法的。

现在好像已经是一个经营销售变为"个人"之间竞争的时代。以往的"营业某课""某某支店"，全体人员齐心协力，为了这个课或支店的营业额能攀升而努力。一起制定目标，互相激励，共同促成目标的达成。可是现在，已经从团队战过渡到了个人战。

张贴"销售榜单"，个人业绩一目了然。这是现在惯常的做法。这种做法自然能鼓舞个人的士气,但是对那些业绩明显落后的人而言,总是盯着自己的业绩感到意志消沉;即便达到了目标特别兴奋,也难免会觉得销售榜单本身是个很让人感到泄气的东西。

因为是个人的竞争,所以无法从同事那里得到焦虑和痛苦的分担。不知道如何发泄排解,自然变得非常焦虑。

"怎么才能摆脱这种郁闷的日子啊?都四十几岁的人了,还成天想着这些,我可真是个可怜虫……"或许,你会深深陷入这样的想法中。我们就此再回到原点来试着思考一下吧。想要提升销售业绩,需要哪些要素呢?

"清爽顺畅的销售洽谈、机智的反击、持续的笑容……,他身上有我不具备的能力。"

的确,销售业界夺冠的人,总会给人留下这样的印象。所以,我们也会认为不具备这样的能力,就很难得到高评价,业绩也很难提升。原则上的确如此。

现实中客户的诉求,我认为总还是会有偏差的。

比如,客户有意买车。作为"销售洽谈",通常从车子的特征、油耗等方面入手,和其他公司的车相比对,突出性能优势和价格优势,然后一点点推进商讨。这个做法"无可挑剔"。

可是当客户对技术方面提出问题,如果得到了如下的回答,对方会怎么想呢?

"呃,技术方面,这个,我不是很在行。那我去问一下相关的人,再给您回复吧。"

对方自然就会想:"这个销售虽然谈吐交流不错,可是技术方面基本是外行啊,能行吗?"

客户所谋求的,就是"安心"和"信赖"。任凭洽谈口才多么好,也抵不过这些。客户的质问和疑问,要一一诚实应对。这样,才能赢得安心与信赖。

所以,技术方面的知识,是最基本的学习内容。这样,无论客户提出怎样的问题,都可以诚意地、认真地一一作答。这是销售人员最厉害的武器。不善于与人交流,不善于辞令,就好好掌握这个武器吧。

有一位职场的前辈这样说过:"聪明伶俐、脑子快的家伙,其实是没用的。掌握技术比别人要快,也就不怎么努力了。而那些笨家伙,你贬低他、对他吼,他还是会一门心思努力,在自己的领域一步步向上走。这样继续下去，孜孜不倦，自然就会在事业上有好的收获。"

比起顺畅的销售洽谈，一点一滴、兢兢业业积累起来的商品知识，才更有助于我们赢得好的业绩。这是我对前辈这段话的理解。

清心工作的前提是，当你没有和别人一样的销售技能，那就好好练习基本功，解答客户的疑惑。这是核心竞争力。

当然，在熟悉基本功后，口才练习也是有必要的。多多练习，自然就不那么笨嘴拙舌了。

守拙、诚心、正意是前提，不断提升技能则是引领自己走向良性发展的方向。

视其所以，观其所由，察其所安
当你过度关注他人的想法的时候

很多人喜欢关注他人的想法。

例如，心里想着："老板嘴上说'你是个人才，且有能力'，但是实际上是不是在考虑机构重组呢？如果重组的时候要把我裁掉呢……等下，是不是我已经上了裁员名单了呢？"

一旦这么想，个人就很容易陷入不断纠结的状态。这不仅让人心烦意乱，也是造成严重心理压力的"元凶"。

我们试想一下，职场的组织架构，是以最上层的意向为风向标的。个人无论怎样揣摩其语言背后的深意，怎样在意，都不会改变其意向本身。所以，揣摩是没有意义的，无用的。

共事伙伴之间，也会有"言外之意"的疑虑。对方提供了好的条件，你的脑际会闪过这样的疑惑："这个，是真的吗？"

职场中，会有激烈的正面交锋，会为了自己的利益而说出言不由衷的美言，会诱导对方导向错误的判断，这一切，并不少见。想来，这都属于正常的商务洽谈、经营洽谈的范畴。

如果你悉心观察一下对方的表情，仔细聆听一下语调，就会渐渐感知到对方的真实意图。

当对方说"我要巧妙地抓住机会，让我的商品大卖"，他是不是看着你的眼睛？能够呈现出温柔无比的表情吗？所说的每一个字都饱含诚意吗？

如果他心存些许内疚，自然有些许不安、些许生硬、些许目光游移不定。

所以，从语气和表情中，自会读取真实的信息。比起揣测语言背后的含义，不如将着力点放在"看透"上。

禅有"三业"之说。

即"身业""口业"和"意业"，依次是指我们的"行为""语言"和"心灵"。禅宗亦是教诲我们，要整理好自身的"三业"。

此三业相互关联，换言之，先要整理行为，而后整理语言及心灵。反之，如不整理心灵，语言与行为也难有改观。

如若发现，面前的人表情神态有违和感，矫情忸怩，言语一知半解，词不达意……那么，多半是没有好好整理内心，即心存隔膜。

当然，也存在表情安妥稳健但是言语不自然、言辞恳切但是态度不妥的情况。想来是身业和口业应对成功，却未能完成对心灵的安顿。

所以，从身业、口业两方面来判断对方的内心，是非常重要的。

不要想当然地揣测对方的内心，而是要切实地去"看"和"听"。带着感受力，看透对方本心之力和鉴别之力，才是人生必要。此外，不必忧虑。

看与听，日渐成为规范缜密的一种意识，自然就会充满力量。

当你过度关注他人的想法的时候——

"视其所以，观其所由，察共所安。"

悖逆的工作方式
当困扰于"怎么也难以提升评价"的时候

每个人都希望自己的工作得到很高的评价。职场中人，无一例外都会这样想。积攒高评价，仕途得以步步高升，这也是一种人生理想吧。如果得不到好评就情绪低落，可能会对没有褒奖自己的上司和公司生出怒火。

但是，需要思考一下，如果把获得好评放在第一位，那会出现什么结果呢？

我们会过度关注给予自己评价的人，同时面对他们，我们的态度和言行也会发生变化。但是对我们做出评价的人也是普通人，自然会受到情绪的左右。

被评价的下属即便有出类拔萃的工作能力与实际业绩，但如果经常忤逆上司，个性也不可爱，对其又不得不进行评价时，那么只要这个人算不上极其突出不可替代的人才，评价者自然会把比较高的评价结论，给予平日比较仰慕自己的下属。这就是所谓的人情。

有一种下属，必然会得到好评。他们面对上司的言论，即便是错误的，也显露出一种赞同的态度，绝对不会提出不合理的要求，宁可自己为难也积极应对。其实，这都是一些油腔滑调、拍马屁、阿谀奉承的行为。不过，这也是一种处世之道，不能一概否定。

但是，当指向自己的心灵的时候，把奉迎作为生存方式，自己是否能够接受，那就是另一回事了。

有些时候，一定会想着："我绝不容许自己那样。"带着这样的想法生活，其实是非常幸福的事情。

但是我们也难免会环顾四周，思考如何才能赢得很高的评价，如何才能出人头地。当你坐在上司的位置上，下属也会对你有很多疑问。

"不过是做一个司茶守夜的小和尚，就能那么有前途啊……可是我也想那样啊……"你难免会听到这样的疑问。恐怕，下属会采取表面服从，内里不服的态度。而最糟糕的做法，也会造成"众人嫌"的后果。

还有的人为了获得好评而谄媚上司，其他一切都不在乎，只追求最终的成果。而为了达到这个目的，不惜妨碍同事的工作，或趁其不备陷害前辈，利用花言巧语、弄虚作假来吸引客户。其结果，似乎是顺理成章赢得了好评，但是他无法得到内心的明朗澄澈。即便谈不上罪恶感，他也会背负内疚，挥之不去。

把获得好评放在第一位，是有风险的。所以，你还会选择这条路吗？

"评价是随后到来的"——这样想，内心会感到很放松。全力以赴做自己能力所及的事情就好了。

例如，即便现任上司对此没有给出好评，新来的上司或许会对兢兢业业、全力以赴的人给出很高的评价。这种情况并不少见。

观望的人，也只能看到自己能够看到的那一部分。所以，请全力投入工作，挺直脊背，努力去过信心满满的人生。如果不能接受自己，总是心怀挥之不去的愧疚，耿耿于怀，就不会获得内心的澄澈和幸福感。

以心传心
当你无法向对方传达想说的内容的时候

人的个性千差万别。有多嘴多舌的，就有拙嘴笨腮的，还有沉默寡言的。不管怎么说，一切都属于个性使然，坦然接受就好了。但是在职场，很多人认为"多嘴多舌、巧舌如簧，更好"。

的确，侃侃而谈，不拖泥带水的语言表达技巧堪称"完美"的表现。尤其是现场促销的时候，效果更为显著。

但是，语言表达的首要目的，是传达想法。所以，巧言令色不一定就能完美地传递观点，笨嘴拙舌也不一定不能表情达意。

实际上，在销售中取得傲人业绩的，不见得是那种善于言辞的人。自顾自滔滔不绝地说着自己公司的产品机能、销售盛况，顾客未必喜欢。顾客会觉得："又来了，销售套路。"

如果充分倾听对方的想法和诉求，诚恳说出产品的优缺点，顾客就会感受到你的真诚。不妨真诚表达作为职员对自己公司产品的由衷喜爱。

顾客究竟是从哪个方面考虑来购买商品呢？不言而喻，自然是自己的需求，这与销售人员是否善于辞令无关。

因此，最重要的是语言表达中传递出来的态度，换言之，就是是否用心。

禅宗有云："不立文字，教外别传。"

意即真正重要的教义和真理，是文字（语言）无法表达的，阅读多少佛典，都不能真正参悟。

传递思想的是语言，但是语言有着自身的局限。唯有超越语言传递的情感，才是真正的思想。这句禅语即可解释这个道理。

所以，语言的技巧、辞令的高超，都不是传达思想的"决定性的手段"。

天生不会说话，或是不善辞令，也不必为此烦恼。只要用心，无论怎样笨拙，即便是语言不能确切地表达，对方也会理解你的想法。

在接受别人的恩惠之后，马上致电："非常感谢。"虽然是极其简短的语言，但是对方也能感受到你的心意。

如果等到下次见面，你再表达谢意："前阵子多谢您了。我是真的非常感激您……"对方难免会想："多亏了我？什么时候的事情啊？噢噢，想起来了，一个月前了啊，现在才说感谢的话……"那么究竟是哪种感谢的方式更让人觉得用心呢？

我们都熟知"以心传心"这个词。带着自己的真心，向对方传递心意，这是交流的本质。语言的确很重要，但是也不过是"道具"而已。

如若全情用心，自然会传递出你的思想。

见不贤而内自省也
把上司当作必备的良药

在一个组织机构中,总是会聚着形形色色个性的人。

当然,增加企业利益是大家共同的目标,但是,仅仅是因为这个共同目标,并不能保证在团队中形成顺畅愉快的人际关系。

在其中,难免会遇到与自己合不来的人,甚至厌恶的人,而这个人有可能是你的上司。

讨厌这种感觉,多半是源于先入为主的第一印象。例如,我们此前曾经亲眼见过这位上司怒骂下属,心里就会想:"怎么能这么说话呢?身为上司怎么能这样仗势欺人!这种态度绝对不接受!"于是这位上司就给你留下了"蛮不讲理、态度专横"的印象。但是,每个人都有很多侧面。事实上,不讲道理、飞扬跋扈或许只是这位上司的一个侧面，他很有可能会有非常讲人情的另一面。

先入为主的第一印象，通常是很难改变的。而这种刻板印象也往往会一叶障目。这一点，我们务必要注意。

有句俗语"情人眼里出西施"，只要是"喜欢的"，即便是缺点也会觉得好。相反，心存"厌恶"，就会对优点也视而不见，越看越烦。

那你就不妨试着找一找让你厌恶的上司身上的优点吧，这非常重要。观察是非常有趣的事情，动物界亦是如此。对于奇妙的、不了解的对象，进行悉心观察，你就会发现："哦，居然有这一点……""太意外了，他居然也能为下属着想……"

这是我们比自身的目光更加深邃和深切的体现。

每个人，其实都有着很宽阔的空间。让人厌恶的上司，会促进自己的成长，所以这样的上司或许就是一剂"良药"。当然了，也有一种情况："无论怎么观察，实在是找不出什么闪光点。"若遇这种情况，你就尽量保持距离，仅限于事务性的接触就好。而这样的上司，反而可以激励自己。

"这种下达指示的方法，会让下属不知道如何是好，这绝对是'糟糕的下达指示的方法之一'，赶紧记下来……"

"哎呀，又吼起来了。身为下属，不能发火，只能冷静接受斥责。这个也得记下来……"

对方越是"出色的反面教师"，可以学到的东西就越多。不妨就保持距离，悉心观察，好好学一学。怎么样，是不是堪称"良药"？对于惹人厌恶的上司，只是敬而远之，难免会心情抑郁。如果你心里想着"他是我的良药，一剂良药……"，就会缓解很大压力。

"见贤思齐焉，见不贤而内自省也。"即，看见优秀的人，便应该想向他看齐；看见有问题的人，便应该反省：有没有同他类似的毛病。

知己知彼
疲于与对手竞争的时候

我们经常会遭遇竞争对手。一想到如果是对方获胜了，心情就莫名沉重起来。

人与人之间、公司之间经常出现你死我活的争斗场面。生产同类商品的不同生产商也会发生大规模循环式的竞争。当其中一方业绩不断攀升，业绩停滞不前的那一方就会眉头紧皱、心情抑郁，自然会生出"完了，又被比下去了！"诸如此类的焦虑。

但是，只是一味地焦虑，是找不到出口的。这时候最需要充分了解对手，而不单单关注竞争本身。

关于这一点，可以向宗矩学习一下。一日，宗矩与泽庵禅师会面，继而顿悟了剑道的要领。

泽庵禅师教给宗矩一句话："心不止。"

与对手对峙的时候，如果只瞄准对手，心也就仅仅停止在那里，那么即便与对手的脸之间有很大的间隙，也一样击不倒。

如果把心放轻松，即便是很小的回旋空间，也能滴水不漏，瞬间击中。这就是柳生新阴流（上泉信纲创立了新阴流，而将新阴流剑技发扬光大的，则是上泉信纲的弟子柳生宗严。柳生宗严以后，新阴流俗称柳生新阴流）的秘诀。心不止，任其自由。这种想法则格外灵动有趣。

即便你已经掌握了对手的意图，难免还是会想："原来是这样啊……只要稍稍改良产品，就能满足消费者的需求啊。还有呢，那里，那里，嗯，还是应该是这一点吧……"心淤塞于此，就很难有新的想法了。

那么，让自己的心思先从"那里"离开，重获自由，就有可能获得更好的想法。

知晓了对方的意图，但是，绝不仅仅拘泥在这一点。这恐怕就是与对手竞争过招的制胜"秘籍"。

想要依照此目的整理自己的心思，应该如何着手呢？

行动的重点在于冷静地分析。

其他公司经营顺畅，业绩不断攀升，自然是有原因的。着力去了解、分析其中的奥秘，是非常必要的。

原因多种多样。产品升级，这是原因之一。使用方便，并且增加了前所未有的新功能，这些原因都会自然而然地提升业绩。

另外，公司内部的工作士气也是原因之一。例如，时值创业几十周年，大家同心协力，借此机会发誓要让这个商品的销售额一路攀升。营业部门开展超强攻势，大力宣传，增加广告投放，自然就会和其他公司拉开距离，将其甩在身后。

原因已经清楚了，但是这并不代表能找出最好的对策。商品本身已经有了差距，那么就要寻求全新的创意另辟蹊径，让自己的产品增加附加值。这才是有效的途径。

提振公司内部员工的士气，有很多对策和方法。比如，着力于广告宣传，在媒体上曝光提高知名度，这本身对员工就是一种鼓舞。

不管怎样，要努力透彻分析原因，继而掌握对手的意图。

孙子有言："知己知彼，百战不殆。"只有掌握了对方的意图，才能进行势均力敌的较量。至少，会将公司内部"被打败了""被搁置了""被淘汰"诸如此类的"负能量"空气一扫而光。

总之，"弄清原因"的同时，"不拘泥于此"才是最重要的。

共 生
当你与同事"不合拍"的时候

"无论如何也很难信任他。"

"他特爱挑毛病。我跟那家伙就是相处不来……"

恐怕每个人身边都有一两个这样的人吧。说白了,就是"不合拍"。如果对方恰好是同事,你们职位对等,就很容易意见相左。当我们觉得"不想看到那张脸""不想听到那个声音""一举一动都不合心意"的时候,就会对对方产生厌恶。

这样一来,肯定干不好工作,更无法愉快地完成任务。如果无论如何都不能够消除这种"不合拍"的想法和感受,那么离开这样的同事,或许也是方法之一。即便是组合协作式的工作,也不是恒久不变的。那么在此期间,尽量减少接触,也是避免滋生情绪的办法。

造成这种"不合拍"的理由是什么？让我们来探究一下这个"源头"吧。

"曾经跟他打招呼，他根本不回应""因为迟到""一点小事和我意见相左"……其实都是一些细枝末节的小事情。但是，这其实是主观地做出了"那家伙就是那种人"的定论。很多情况下，先入为主的印象很难改变，这就是所谓的"不合拍"的真实样貌。

但是，我们可以试着超出既定的"成见"，去看看事物的另一面。实际上，其他人可能对"那家伙"有着这样的评判——

"私底下交往，是很能体谅别人的那种人。"

"作为部下，觉得他这个人是很有心胸的……"

了解和自己不合拍的人的另一面，其实并不困难，有很多方法和途径。最关键的是，要有"称赞"的习惯。任何人在得到称赞的时候，都不会觉得厌烦。只不过一开始，对方难免会疑惑："那家伙怎么忽然间夸我了呢……"

但是，超过三次称赞之后，必然会得到回应，也想给对方同样的赞美。"相互称赞"是人际关系中非常温暖的内容。彼此放下"成见",去了解各自的另一面,就会淡化隔膜。而情绪,也会瞬间减轻许多。

"可能性,亦是佛性。"

禅宗认为,彼此放下成见,亦是认同彼此的佛性(温柔、体谅……)。

此外,各自所处的位置,也是造成"不合拍"的原因。

"营业部的 A 部长和商品开发部的 B 部长,怎么一开会就针锋相对啊?总是要打起来的阵势……"

处在自己部门的立场,自然"不能让步",也就迸发出"不合拍"的情况。而恰恰是这时候,彼此称赞的做法,反而正是一剂"妙药"。

"这个商品是我们部门开发的,但是真是为销售发愁啊。要想大卖,还得营业部努力呀!"

"当然啦,销售方面我们会全力以赴,不过要是销售额上不去,真没办法呀,还是得企划部来想办法!"

如果会议以这种状态结束的话,不仅不能修复不合拍的状态,反而还会加深裂痕。

但是，如果换成下面这种说话方式呢——

"非常感谢营业部的同人一直以来的努力。作为开发部，我们希望继续承蒙各位努力，再创销售佳绩……"

"感谢关照和指导。我们已经明确了开发部的目标，等我们带回部里，进一步地研讨。事前我们明确了目标，就可以展开多方位的销售策略了。"

不要只拘泥于自己的立场，要先尊重对方的立场。而这种思维方式最直观的表现，就是"称赞"和"感谢"的言语。

虽然所处的职位不同，但是同在一个组织系统中，应该同以公司的繁盛为努力的目标。

佛教中有一个语汇即"共生"。明确认知彼此的差异，愉悦顺畅地共同存续。至此，所谓不合拍的烦忧，便会烟消云散了。

做个精神性的人
当你积攒了太多对他人的不满

从前的日本企业，奉行"团结一致"的精神。例如，A君和客户开始攀谈，B君是技术方面的专家，C君则负责接待，诸如此类分工明确，彼此尊重各自的立场，齐心协力完成同一项任务。这种组织形式，推动了公司的运转发展，也被认为是提升业绩的原动力。个人的个性在团队中得以发挥，并且取得成果，这是自然而然的。

可是现在的情形呢？是每个人单打独斗"单体竞争"的现实状态。无论是谁，都被既定的目标数值催促着，如若不能达成目标，就会面临上司的压力和逼迫。来自"上面"的压力自不必说，如果不上心不努力，来自下属的压力宛如紧绷的弦，也是不容松懈的。

不管怎么说，结果代表一切。如果没有结果，就会被拿来和

脚下照顾

禅与明智行动的艺术

禅与清心工作技艺

轻松生活之禅式金钱礼法

简单 丰盛 美好

其他同事比较:"你看看某某君!人家就好好完成了既定上升目标,可你都在干什么呢?"目标业绩超过同事,这已经成为个体的工作目标,也是在团队中得以留存的砝码。在这样的团队氛围中,据说"遭到同事抢功"这样的个案,也不少。

"原本和他一起喝酒,一起吐槽公司,感觉很有同感……没想到……"某职员差一步就可以签合同的客户,却在最后的关头被同事挖了墙角;某职员把新企划的内容告诉了同事,结果被这位同事抢先提交了提案……在职场中,被"抢功"的情况随时会发生,从而导致人际关系恶化。

即便不是因嫉妒而导致的恶劣"抢功"行为,同事之间的竞争趋于日常化,也自然会造成工作氛围紧张而又冷漠。

这正是现代社会的陷阱。

阻断了人与人之间的关系,一味追求结果。在这样的环境中,"抑郁"也随之而来。这就是为何现今因为精神疾患就医的人数不断增加,有的症状虽然不明显但是有潜在的抑郁可能。

此外,性骚扰、职场暴力等案例也多了起来。近年来,公司内部结婚的比例在下降，最大的原因是，若是表白了，就可能会有被当作"性骚扰"之嫌。这也显示出了人际关系的变化。

针对这样的现状引发的危机感，企业内部也逐渐开始出台相应的对策。包括延长新人培训研修的时间，让同期入职的同事之间增进感情，试着培养同事之间的手足情谊。

一天的工作结束了，大家三三两两准点下班，是很平常的事情。但是据说也有这样的"组织体系"，无论是谁，只要有一个人因为工作没完成加班，其他人都会主动留下来支援。但是，要想达成这个"对策效果"，是需要时间的。

不过，针对现状的对策，是很必要的。

某职员遭到同事不讲道理蛮横对待的时候，本来是想着把他逼到墙角责问一下的，但是因为"想抗议，但是没做到。我这种人是真可怜啊……"，所以反而责备起自己。

但是，任何时候都没有必要觉得自己可怜。与其这样，不如试着这样想——

"他被逼得走投无路啊，也是很值得怜悯……"

"那家伙的气度，也就这样了。"

禅宗认为，无论感到多么无理，多么低落，要把当下的状况认知为"就这样了，不过如此"，从而淡然接受，并且让心性向着未来转换，这才是最重要的事情。

所谓蛮不讲理的情况，即便你抗议责问，发怒争执，都不会有任何改变。不如就这样接受现实。对于那样的人，不如与其画一条分界线，不与之为伍，且安置自我内心。

并不是"不能"抗议，而是"不去"抗议。

是不是很果决利落？

你也会感到自己的气度器量远远超出了对方。

抗议争辩，就等同于和对方一起登上比武台，这并非自身所愿，是因为自己的心中更希望站在更高一阶，或是更先一步的位置，与对方相望。胜负，自有结论。

不去抗议争执，对方反而会充满挫败感，亦会感知到自己器量小。而你的悠然自得，会自带光芒，让对方望而却步。

做个精神性的人，意味着不论处境好坏，都能面对。当好的事情发生时，珍视它；当坏的事情发生时，不会无法自拔或太过慌乱，乃至歇斯底里。

其实不必吹毛求疵
当你过于在意他人的"言行"的时候

无论是工作的职场还是个人的空间,我们每天都要和许许多多的人接触。

在这其中,难免会遭遇毫无缘由的恶意。

我们会很在意对方的遣词、言行、口头禅,等等。一旦在意了,难免会有情绪。全部的意识意念,都将随之波动。

举个例子,比如"原来是这样啊……"这句附和之词。只说一次倒没什么,要是连续说两次"原来是这样啊……原来如此啊……"那就让人有感觉了。那么,附和应答的时候,就不要重复两次"原来是这样啊……原来如此啊……"。

"怎么回事?总是一个劲儿敷衍啊。到底是不是真的接受意见呢?怎么感觉根本就没有认真听啊……"

这样的附和应答难免会引起另一方的质疑和抵触。语言本身没有问题，问题出在使用方法、语气等方面，无意间制造了一种屏障。

当然了，也存在语言本身有问题的情况。最典型的，就是现在年轻人的用语。"不得了"这个词的含义很丰富。好吃、帅、精彩、心怀崇敬……这种时候也可以用。

吃饭的时候说："不得了哇！超赞！"这是"超级美味"的意思；"他可真是……不得了啊！"则表示"超帅"；"这企划案太不得了啦！"是表达"太精彩了"；而"我们科长可不得了了……"则是一种"崇拜"的情绪。大致如此吧。

当然了，"不得了"这个词的本义是在危险迫近，或是在意外发生的时候表达情绪使用的。而我以上列举的使用情况，原来是没有的。

在熟悉的朋友之间使用，自然是没问题的。有时候反而能营造气氛。但是在职场上使用就不太恰当。最好能控制，不，必须控制。

我们不妨也对此类言行留意一下。

对于一些言行，有些人会很在意，有些人就不会在意。比如在工作讨论、商务会谈的过程中看表，是非常不礼貌的。如果考虑一下对方的感受，就应该注意这种言行。

有的人会有这样的口头禅，比如"噢噢……"，听起来是在否定别人的意见，如果以"是这样啊……"对答，对方就不会觉得是否定了。

因为当事人完全没有注意到，所以即便被提醒当事人也不会觉得有过错。而苛责没有过错的问题，就会让人觉得很过分。

比如，各地都有自己的方言，所以听着很不习惯。但是，如果我们意识到这是语言的丰富性，就会渐渐接受了。所谓语言，其实就是要试着去接受"那种感觉"。

但是，某职员如果在正式的场合出现了不合时宜的言行，为了他本人着想，还是应该提醒他注意。

"在工作场合，别再说'不得了'什么的了。因为有人根本就不明白是什么意思，你要是没把想转达的意思明明白白地转达给对方，那可真麻烦了……"你可以这样委婉地劝解一下，他自然会引起注意加以改正的。

最根本的方法,还是"示范和教导"。

一起去拜访合作伙伴,如果同行的同事脱了鞋随便乱丢就进了屋,那就自己把鞋子摆放整齐。

下班后一起去小酌,如果同行的同事对店员态度蛮横,那么自己就在点菜的时候说"拜托啦",店员上酒上菜的时候说"多谢多谢",把自己礼貌得体的应对示范给同事看。

究竟哪种做法"感觉好",同行的同事自然明白,一定会在心里想:"是啊,对啊,这才是成年人的应对方式啊……"

保持本真的自己
当你想从容不迫地生活的时候

我们在各种人际关系的交织之中生存，都希望被他人认同并喜爱。

现实中，有人的确让周围所有的人都深深喜爱，这是非常好的事情。但是，这需要有一个条件，就是这个人是不是从容不迫，泰然自若。随心所欲地行止，随心所欲地生活，这样的状态让周遭的人觉得："太喜欢了！""真好啊……"真是很棒的事。

但是，同样的状态也可能招致不同的反应。行为举止和生活方式的背后，就有着潜在的喜欢，抑或想去喜欢的"念头"。的确有这样的人存在。

有一句话叫作"好孩子善伪装"。如果你要被人喜欢，那么对任何人而言都应该是留有"好孩子"的印象。所谓八面玲珑，亦是同理。这是令人疲惫的。

关系的"基本"，是与对方的契合。为此，就必须要泯灭自我，欺骗自我。这样的"好孩子"，虽然博得了所有人的喜欢，但是并不是真正的自己，这不过是演技支撑下的那个自我。你一定会在心中大喊："我原本不是那样的人啊！"

道元禅师留下一句禅语："一个半个。"意即我无法向所有人传授真正正确的教义，不过至少要半个弟子能够真正领会并继承。

禅宗的教义（我想其实亦可以称为真理），能够正确接受这些内容和道理的人，也是非常有限的。

更何况，还会发生对态度的误解、语言选择的错误等，这些瞬息状况随时发生，而这才是普通人。在这期间，固守一成不变的本真的自己，恐怕是不会有人无条件地接受的。

一个人能够让所有人接受并喜爱，其实是无法想象的。与其如此，还不如好好保持本真的自己。

有一个词叫作"毁誉参半"。如果你的周围有十个人，或许有五个人对你赞赏有加，那么另外五个人就或许并不看好你。这便是所谓人世间。保持本真的自我，即便只有一个人完完全全接受你喜欢你，就已经足够了。

最重要的，是不再掩饰、不再伪装、不再欺骗，自己的内心会因此变得轻松起来。能够接受这样的自己，那样的人，才会与其拥有可以称为"牵绊"的关联。

"如果没有遇到那样的人，就只能不和其他人心灵相通，勉强生活下去了……"其实，并非如此。曾经周游四国八十八个地方的巡游者菅笠曾经留下这样的文字："同行二人。"

即便是一个人的孤独巡礼，实际上也并不是独自一人。此时，弘法大师（空海）来了。本来巡礼者是一个人，他却与弘法大师有了一次两个人的旅程。

与此同理，任何人都有"同行者"。这便是心中那个本真的自己。保持本真的自己，就是与真实的"我"携手。也可以说，就是不要与真实的自我走散。

有一点自不必说，过度热衷于做所谓"好孩子"的人，其实是放开了本来应该紧紧抓住的那只属于本真自我的手。要与本真的自己一路同行，再没有比这更加安心从容的生活方式了。

如此生活，自然就会遇见与你心灵相通的人。那样的相遇，注定会来。

第三章 明亮的上下级关系

以惜缘和爱语对待下属

不要沉默不语,任由烦恼萌生,要"先发制人",不仅整理自己的内心,也要让对方感知愉悦。

和颜爱语，先意承问
不苛责不主动打招呼的下属

我感觉容易有烦恼和情绪的人，大都是心思细腻，过于在意细节的人。因为自己太过注重细节，所以总是过于在意他人的言行。

例如，大多数四十过半的人，都很注重礼节。可是现在的年轻人有一个共同点，就是对所谓的"礼"观念淡薄。这种感受上的差异，也是引发情绪的节点。

早起，下属连一句"早上好"都没有，这对注重礼数的那一代人而言，实在是难以接受。

"下属问候上司是礼节。人在职场，这是最起码的。连这个都做不到……"

真是越想越窝火。带着这样的想法，难熬的一天就开始了。

这样的状况持续循环，久而久之就会产生愤怒。走进办公室，怎么可能不介意下属的问候呢？

"今天又没有一句问候的话？怎么，赶紧打招呼啊……行啊，还是不打招呼！"

这就是一种情绪。与下属关系疏离，经常怒火中烧，这样的情绪也就成了工作的障碍。

当然，这种状况是上司一方占理，虽然我赞同这个判断结论，不过也不妨换个角度思考一下。

现今的年轻人，非常"不善于"问候。

从前，几乎每个家庭都有一位严苛的父亲，孩子们不大声问候长辈，就不允许吃早饭。但是现在，"朋友一般"已经成为亲子关系的"标准"，关于问候的严格家教也就几乎荡然无存了。

实际上，我周围接触的年轻人，一般也是稀里糊涂草草地打个招呼了事。年轻一代是非常不擅长打招呼的。

面对这样的现实，我们应该重新思考。"下属问候上司"是一种约定俗成的常识，但是也不必因此墨守成规。因为，对方是个不擅长问候的人啊。所谓问候的目的，其实是为了让双方能够言语交流，彼此愉快地心灵沟通。既然如此，那么谁"先"谁"后"，又有什么关系呢。

下属先开口问候，我们身为上司感到颜面有光，这其实是十分狭隘的想法。如果这样想，自然就会苛责不主动打招呼的下属，自己也会格外烦恼。身为上司，大可以主动大声说一句："早上好啊！今天天气好，心情也不错呀！"说出一句问候，还心情郁闷的人恐怕没有吧？下属听到问候，一开始觉得很不习惯，很不好意思，然后或许就会慢吞吞小声回应一句："噢噢，您早上好！"

"问候实在是太难开口了……"如果你总是这样想，就难免心情低落。可是，如果你想着"他们是不习惯主动问候吧，没办法呀，那我就主动问候好啦。训练一下！"以这样的心态应对，你就不会有烦恼了。并且，职场中也会因此形成彼此热络问候的新场面。

有一句禅语，叫作"和颜爱语"。

意为安妥的表情和温柔的言语。面对不善于问候的下属，自己率先开口打招呼，即是对此禅语的实践。

这样的词汇还有很多。例如，"先意承问"。

此禅语的含义是，事先揣摩对方的想法，让其愿望达成。面对不肯主动问候的下属，率先开口，从而引出对方的回应。这即是对这句禅语的践行。

所谓"细小的烦恼"，有时候就是遭遇了商店或餐馆服务员的傲慢态度。当时恐怕特别想大喊："喂，喂，你就这么接待客人吗？"

遇到这种情况，随后的购物、用餐，都会带着情绪。这也是压力的成因之一。在这种情况下，有一个特别行之有效的办法。

店员递给你商品的时候十分冷淡，或是态度傲慢，你可以回应一句："谢谢。"服务生上菜的时候什么也不说，就把菜品往桌子上一放，你还是依然回应一句："谢谢。"这比你面露愤怒，更有效果。

任何人在听到感谢的话语时，发觉自己的行为配不上这一句"感谢"，都难免会感到羞耻。此后，他必然会改变态度，你也可以心情愉悦地完成购物或就餐。珍视感谢之心是禅之智慧的一场修行，这也是成年人应该有的行止。

感知对方"细小的烦恼"的人，更容易做到"事先揣摩对方的想法，让其愿望达成"。

不要沉默不语，任由烦恼萌生，要"先发制人"，不仅整理自己的内心，也要让对方感知愉悦。

其实，在工作中，真正重要的是下属的工作表现。比如，他的工作有没有纰漏？工作任务有没有按时完成？他工作不得力是不是给同事造成了麻烦？只要他的工作本身没有大的错误，是否使用问候语这件事并不是完成工作目标的必要条件吧？

日日皆苦劳，芜杂纷繁忙永夜

"无论怎么努力工作，都无法获得轻松"时

> 日日皆苦劳
> 芜杂纷繁忙永夜
> 回望此人生
> 无缘悠游乐
> 双手凝艰辛

这是收录在诗集《一握砂》中的一首短歌，亦是石川啄木最为知名的作品。

啄木一生困窘，二十六岁早逝。想来，没有比这首短歌更能够传递不幸人生的文学作品了。

时代与生活方式已经千变万化，似乎每个人都有着"无论怎么努力工作，都无法获得轻松"这种忧虑。如何才能获得轻松，这是因人而异的，人活于世，需要生活食粮。如果你有家庭，那么就必须坚持维系这种生存状态。

释迦牟尼将"生老病死"定义为"四苦"。

生老病死，即为人生。在这个世上，所谓人生即是满载苦难。这便是佛教的世界观。

但是，这个说法过于直接了。容易产生烦恼情绪的人，其实应该多多赞美自己。

例如，工作告一段落，或是项目完成，那就去做一件取悦自己的事情、自己喜欢的事情，或是能让自己快乐的事情。如果想来一顿美食大快朵颐，那就不妨奢侈一点，去高级餐厅好好犒赏自己一顿晚餐；如果喜欢看电影，那就到影院去观影；热衷高尔夫，那就痛痛快快去打一场。或者，去一次美术馆，去好好感受一下自然，都可以。

在不同的阶段给予自己赞美和褒奖，有助于保持快乐舒展的心情。

一段漫长的台阶，中途会有让人稍作喘息的缓步台，这样反而能让人更有信心地走下去。工作也是一样。有了赞美褒奖这个缓冲，就会从紧张的工作进度中解放出来，并且在接下来的工作中萌发新的进取欲和能量。痛下决心给自己放个假，来一次短途旅行——我推荐这样的犒赏。

比如，"这个工作下个月 10 日要完成，我的最后工作日是 6 日，那么，7 日到 10 日，就是我的休息日"。这个实现起来会很难，但一想到如果能完成目标就可以去旅行了，就会很有干劲。一年之内一两次即可，在被工作围裹的忙乱之中，给自己一个这样的犒赏。

不过，也有人觉得常规的工作量给自己带来了很大的压力，这说明你承担了超出个人能力范围的工作。这种情况下，有两个办法。

其一，直截了当地对上司说出自己的想法。承担超出自己能力极限的工作，到了崩溃的边缘，"这个和那个，我可以承担，但是如果再加码我就不能胜任了。所以请交给其他人做吧"。试着这样表达自己的想法，上司也会渐渐了解下属的能力界限。只是，单刀直入的方式，有可能会招致苛责。

所以，第二种方法就是直面自己的能力。如果自己的能力用数字来表示，是"十分"的话，那么增加两成，也就是

"十二分"的工作是可以完成的。

也就是说,工作量增加了,亦是增加了机会,所以可以试着挑战一下。如果能够完成,一方面可因为褒奖而获得自信,另一方面自身的能力也会得到拓展。

工作繁重,需要更多的努力。在这个过程中,会摸索出一些迄今为止不一样的工作方式,会发现一些推进工作的方法。掌握这些新的东西,也能让自身的技能得到提升。

从上司的立场来看,也存在因为工作量增多而压力倍增的情况。有一些职位高的人,同样是不懂得拒绝的,任何工作都大包大揽,亲力亲为。如果能够与下属分担责任,则是解决这一问题的途径。不过,说起来容易,做起来其实很难。身为上司,很少有人能做得到。

"我自己的工作交给下属做,如果有了成果,那不是会威胁到我的位置吗……"

但是,在公司中随着职位的不断提升,所带领的下属数量也与日俱增。因为恐惧下属的"竞争心",上司就很难开展自己的工作。那么身居高位的人一定要意识到,培养下属也是上司的工作内容。或者说，其实这是更重要的内容。如果下属没有机会锻炼，就不能成长。而下属获得了成绩，这也自然与上司密不可分。毕竟，什么都不及从超量的工作中获得解放重要。

把工作交付给下属，还有一个重点，就是要掌握下属的长处和短板，根据其工作经验、能力和性格，委派适合的工作。也就是说要"适当"，再加一条，还要"适量"。

对下属也要传递这样的意思："某君你很擅长交流商谈，这次就把这个工作交给你了。加油啊！""这次的提案，就交给你啦，因为你绝不胆小怕事啊。好好干吧！"

如果能感觉到自己的特点被了解，那么下属自然而然就会信任这个上司，工作起来也就更有干劲。

不考虑各自的特点，按顺序依次分派任务，这种糟糕的平等主义不仅不能培养下属，反而会造成因为不得不承担不擅长的工作而产生负面情绪的后果。

这样的状态下，上司也会产生新的压力。所以，每一个上司都应该掌握这个重点，增加凝聚力，最大限度地令下属发挥各自的能力，将团队调整到最佳状态。

慎重地选择语言
当你遭遇"说者无心"的时候

听到没有诚意的话语,内心是不会有任何感触的。例如,下属的尊敬和仰慕,对上司而言是一种幸福感。

"部长的大度,总是能给我特别大的帮助。"

"课长您的企划能力真厉害!我是真的佩服啊……"

溢美之词在耳边充斥,并不一定是好事。唯有带着诚心诚意,发自内心地说出赞美,才是让人快乐的。如果流露出是为了讨好上司而故作谄媚的本意,反而格外刺耳。

"又来了……竟是些口不对心的阿谀奉承……"

这种情况之下,不让对方"说到最后"是最好的应对方式。

"课长,那场高尔夫,你那个三击入穴……"

话说到一半,就打断他——

"好了,别再说那些了。回去工作吧。"

换言之,如果你反反复复这么回应对方,对方也会觉察出自己的这种问候和奉承并不奏效,非但不能博得好感,反而适得其反。

下属的这种奉承,无非是为了博取欢心,抬高自己在上司心中的地位。如果达不到目的,也就没有意义了。他意识到了这一点,自然不会再继续这种奉承。

想来,为何会有这么多明睁眼漏的奉承呢?

最近发现,大部分的人在选择语言的时候是过于草率了。经常听闻年轻人的交谈,气氛热烈,却空无一物。

如果无法交流有意义有内涵的内容,那就试着选择一些能够让彼此的内心有触动、有回响的言语。

有一句禅语,即"拈花微笑"。

这句禅语，是释迦牟尼选择后继者时的一段公案。释迦牟尼在灵山会，拈花示众，大部分的弟子只是全神贯注，屏息静待。此情此景，唯有一名叫作摩柯迦叶的弟子，浮起一丝微笑。

于是，释迦牟尼就将佛法传授给迦叶，并确定迦叶为自己的后继者。这则故事的寓意是，有些重要的本真之心，是语言不能传递的。

难免有人会想："什么？那难道是说，禅宗也是不重视语言的？"其实，绝对不是这样的。

一定要审慎地选择语言，要言尽其意。但是，也确实有言语不能表达的东西。这则公案所表达的，即言语不能传递的，亦是禅宗的精髓所在。而参悟，则是超越语言的另一番世界。

当然，想要达到那个超越的世界，首先要将语言掌握得淋漓尽致，游刃有余。有此积淀，才是无以言表的真境地。

禅宗亦是悉心甄选并使用满怀慈悲、扣动心弦、温柔且美的"爱语"。

道元禅师曾说："爱语可回天，人人皆应习之。"意即爱语具有改变世界的力量，每个人都应该学习并掌握。

那些目的性强的奉承，和爱语相距甚远。言辞生硬，也可以说是对语言的不敬。如若在宴席间，或是有其他契机，应该不经意地向年轻人介绍一下关于语言的"禅之蕴意"。

改变对语言的认知，慎重地选择语言，让年轻人向着这个方向努力，想来是非常美好的事情。这也应该是职场上司的职责吧。

你会主动示范吗？
当你想要对下属大发雷霆的时候

在一个公司中，会聚着不同年龄段的人，如果有十岁以上的年龄差，就会形成真正的代沟了。思维方式、感受力等自然存在巨大的差异。

但是，有时候也是相反的。处在上司立场的人，想法会更直接，更能反映出本原的心声。

"和对方是明天碰头，是吧？确认了吗？"

"是的，我是上周和他们约好的……"

听到这句话，上司恐怕就要吼起来了。

"你说你，上周约了见面的时间，然后就拉倒了？再没联系是不是？碰面的前一天再次确认，这是常识啊！"

但是，上司的常识，并不一定就是下属的常识。

自己觉得理所当然的事情，如果下属没有做到，就会怒气冲冲，心里烦乱。

在马上就要怒吼的时候，不妨给下属示范工作的正确方式。就算这是一个反反复复被说得有些陈腐的指导方法，但是唯有这样才能有效果。所以，要让下属看到你身先士卒的工作示范。

"上周，已经预约了明天会面。那么还请确认一下，明天下午三点。拜托啦。"下属在日常之中感受到了上司的言行和处事方式，也会自然而然地学习并掌握。

上司趾高气扬地问："预约了没？""确认了吗？"下属是很难接受的。其实，大家真正需要的是上司率先垂范的态度。

工作堆积如山，万般焦灼的时候，不经意地对下属说一句："很为难吗？某某君，要不你做完这一部分就先放一放，我安排人来帮帮你。"上司关注自己的工作进度，在意自己的工作状态，下属的工作热情自然高涨。当然，如果上司能够亲自帮忙就更好了。

"看来还有两三天就能搞定了。我这边会尽早跟部长汇报的，你就踏踏实实地干活儿吧，坚持到底！"

这样的言语，自然会激起下属的干劲。最初是接受上司指示，接下来则是自然而然地全盘接受，这对于上司而言是天壤之别的变化。

调动下属的积极性还有另一个关键点——制造"询问气氛"。

工作推进的过程中，经常会出现指导方面的错误，而下属也只能默默接受上司的错误指导。例如，安排下属准备第二天会议用的资料的时候，会吩咐："把明天会议用的资料准备好。" 接到这个指示，下属会推想，上司需要的会议资料准备一份就够用了吧？可是，如果上司的本意是给出席会议的每一个人都准备一份资料，那可怎么办？

会议一开始，就会出现这样的事情，上司极其不满地说："喂，就一份资料？其他人没有资料，这会怎么开！我昨天不是已经明确告诉你准备了吗？"

应该承担责任受到责备的，并不仅仅是下属。上司也并没有把需要的资料份数讲清楚。

上司也曾是新职员，对自己的上司言听计从，有时也不敢说出自己的想法。所以，"询问的氛围"就特别重要。

平时"无须询问"的内容，下属听到了，就会采取"啊，太不好了。必须得说啊……"类似的应对方式。

所以，就工作内容询问上司没有必要难为情，职场就是需要制造一个这样的"询问氛围"。

将"示范"作为工作中的基本常识，将"示范"作为日日提醒的功课。简单的事情重复做，重复的事情坚持做。

惜 缘
当你应对那种失误连发的下属

任何工作,都会充斥着失误。

所谓工作,就是在重重叠叠的失误中,磨砺出出色的工作能力。

《论语》中有一句:"过,则勿惮改。"

如果只是一味地因为失误而恐慌,丧失了挑战的意愿,为了逃避责任而掩盖失误,不如直面失误,全力改正。

但是,微小的失误,也会意外地引起连锁反应。失误最初的意义,是让我们得到一个学习的契机,不再重复相同的错误。

如果是自己的失误,那么通过自我反省和自我学习,可以规避问题,但是如果是别人的失误,就很难做到这一点了。

没完没了地重复犯错，如果碰巧自己的下属是这样的人，上司恐怕就要非常头痛了。

"到老客户那里去碰头商谈，一定要事先确认一下是否把所有的资料都带好了，好吧？"

虽然下属听到这些叮嘱，也应答利索："好的，明白啦。"但是，到头来还是出了状况："今天，有一份资料忘带了。可是我真的是放在包里了啊……"这样的情况反反复复，上司自然是忍无可忍。但是这样的情况，是可以杜绝的。

对于这样的下属，在派他出发前，要做一次彻彻底底的确认，只能如此。

禅宗十分珍视"缘"。其实上司和下属有幸结缘，才会有如今的关系。将眼光放得长远一些，就会发现下属的优点，这样想会减少自己内心的不满和愤怒。

当"行动前确认"成为习惯之后，下属的失误会明显减少，工作能力也就得到提升。

"上次我们商议的事宜，我是这样理解的，没有什么问题吧？保险起见，我们再次确认一下吧。"这样沟通会让人感觉特别舒服，从而产生对工作的热情。可以说，信赖，是工作中最最宝贵的财富。

大家都听过"以一当十"吧？

此语本来是形容优秀的理解力，但是同时也会出现预想不到的糟糕效果。

听取了一分内容，就觉得自己已经理解了全部，结果曲解了对方的意图。如果对方提出了这样的严厉指责："因为没有听完话，所以才造成现在这样的局面，不是吗？"想来多半是由于以一当十的问题造成的。

如果多次聆听，每次都习惯性地确认，就可以在一定程度上规避这种情况。

还有一点，就是把下属的失误记在心里，并且和下属一起思考失误的成因。当失误让工作遭遇了暗礁，作为上司不要只是一味地斥责，而应该说："为什么会出现这样的状况？我们一起来分析一下吧……"这样会让下属觉得仿佛是被拯救了一般。

应对那种失误连发的下属,身为上司,这也是职责所在。

工作和生活一样,日日重复,日日做,都是需要反复做、练习、提醒和检查的功课。

说得到做得到
当整个团队面对重重业绩压力时

工作中经常会设定业绩目标数值。

这即是产生压力的原因。

这种压力感会从部长传达到课长,课长传达到系长,系长再传达到普通职员。不论自己是怎样的状态,都要对下属言辞激昂地要求:"务必提高业绩啊!"

但是,这会让下属感到压力重重,从而让整个团队无法良好运转。

"我们课长整天就知道说什么提高业绩之类的,我们都已经玩儿命地工作了……在他手下干活儿太不易了!"下属们难免会产生这样的抱怨。

下属心有不满，上司的位置就岌岌可危。这样一来，业绩无法提升，自己的管理能力也会受到质疑。这让身为上司的你备感压力重重，这么说也不为过。

对下属下达提升业绩的指示的时候，如果这样说："这个月是强化月，大家都知道吧？要是大家不能完成既定业绩目标，可相当难办啊……"恐怕就会瞬间制造出压力感。因为这会让人觉得，所有的责任都是由下属来背负。就好比在内场拼命搏击的拳击手，却要时刻受到来自外场的这样那样的指示。作为下属，心中就会出现讥讽："你真是站着说话不腰疼啊！"

那么，如果尝试一下另一种表达方式呢——

"这个月是强化月，业绩目标达不到真不行……我这边呢，绝对是全力支持，咱们一起努力啊！"

下属听到这样的话，感受一定是完全不同的。上司站在前方，积极引领大家，为了同一个目标共同奋战，想来下属会有此感。

这样一来，即便是很高的业绩目标，也不会成为压力，反而变成一种激励。

有一句禅语：行解相应。

意即理论与实践相一致。说得到做得到。禅宗的解读，即是参悟的境地与实践的修行要相应一致。

道元禅师对行解相应的重要性有一番阐释。那些一味地自吹自擂、斥责下属的上司，应当会得到禅师的断然一喝。

"对于客户一定要细心周旋，这是我们的基本。一定要记住。"

上司如果只是嘴上说说，就只能增加下属的压力。如果上司亲自打电话预约了老客户，并说："某某君今天到这里，还有那里去看看。已经预约好了。"这才是行解相应。对下属而言，这也是非常有效的助力。

工作的过程中，下属难免碰壁、受挫，也经常会感到一筹莫展，甚至会几近崩溃。

此时，自身知识与经验储备丰富的上司如果能够给予有效的建议，对下属来说那将是最大的协力。

"你先去客户那里说明一下情况，善后的对策，回来之后再考虑也不迟。我年轻的时候也遇到过同样的情况呀……"

上司这样的话会让下属瞬间感到压力减轻不少。与此同时，让下属减轻压力，这也是作为领导团队的上司不可或缺的资质。

一个团队需要生机勃勃地运转。而作为上司最为无压力、最为安心的状态，也自然不言而喻。

第四章 家庭生活中的烦恼和多余情绪

清净心为要

知晓满足的人,即便是过着席地而卧的日子,也会感到安心幸福。

轻松生活之禅式金钱礼法
当你总觉得"金钱方面"不充足的时候

生存的基础,想来还是金钱。

这种说法,听起来很令人吃惊吧……虽说"比起金钱的富足,精神的富足更加重要",但是我们都不可能无视维持每天生活运转的金钱。经济困窘,自然会带来心灵的卑微,如果在经济上不能充裕,就很难能有轻快的心境。

那么,所谓"金钱上充裕"究竟是一种什么样的状态呢?

这个很难判断。金钱充裕的标准,因人而异,没有一定之规。即便是在你眼中已然非常富足的人,很可能也会不停地抱怨:"唉,钱不够用啊……"而貌似捉襟见肘的人,却有可能在金钱方面满不在乎。无论怎样,所谓"充足"都是一种主观感受。

佛教中有一词为"知足"，一如字面所示，意即知晓满足，也就是对自己所处的境况坦然接受。"已经足够了，非常难得，非常难得。"这便是所谓"知足"。

与此相反的，便是"不知足"的生活方式。

无论有多少金钱，都觉得"不够啊，还需要更多、更多……"，不断谋求，执念难消，这便是不满足的生活态度。

哪一种方式能够心情愉悦，自然不言而喻。释迦牟尼对知足和不知足，有这样一段阐释：

"知足者，卧于地上亦会心生安乐。不知足者，置身天堂亦不能如意。不知足者富足亦是贫穷。"

知晓满足的人，即便是过着席地而卧的日子，也会感到安心幸福。而不知满足的人，即便是生活在天堂神殿，也无法称心如意。无论多么富足，内心也是一片贫瘠。

禅语便是此意。"知足"与金钱无关，而是让内心丰富的"妙法"。想要达到此境界实属不易，不过应该将此作为生活目标。

我想，金钱有着相应的法则。

道元禅师有一句箴言："放手即盈满。"意为释然放手，掌心便会浮现出真正重要的东西。把金钱死死攥在手里，抓住的也仅仅是这些而已。一旦放手，或许就会重获更大的收获。日本有"金钱乃是天下皆有之物"的谚语。

过度执念于金钱，就无法灵活地使用金钱。唯有放下执念，才能灵活使用金钱。同时，也或许会有新的工作机会，或是意外的经济收入。

放手，放下执念，这是对金钱的态度和使用方法的关键词。

诸位可知道"喜舍（布施）"这个词？意即心怀喜悦地舍弃。对金钱，便是一种舍弃。

向自己所处的菩提寺，或是祭祀同一神祇的神社捐资称为"奉纳"。而向与自己并没有什么关联的寺庙神社捐资，则是"喜舍"。因为没有什么关联，所以对该寺庙或神社就没有什么希求，也就是几乎完全不求回报地捐赠金钱。

这种喜舍就是完全脱离了对金钱的执念。这也是最值得尊敬的金钱的使用方法。这一点，应该让其驻留心中。

再说点具体的。我曾经从一位缔造了上市公司的企业家那里，听到过这样的话:"提升十日元的利益是很困难的,但是如果不去浪费十日元,是很容易做到的。"

同样的金额,如果想从无到有赚取,是很不容易的。但是,如果从不去浪费的角度考虑,就简单多了。三十几岁后半期到四十几岁,正是贷款、学费等花费金钱的时期。一想到这些,心里瞬间就负担倍增。但是,如果对自己现有的金钱节俭开支,悉心筹措,会发现:"哦,原来是可以做到的呀!"

这与"知足"密切相关。这便是轻松生活之禅式金钱礼法。

不必一心同体，但求二人三足
当你无法处理好夫妻关系的时候

"恋爱是美好的误解，婚姻是悲惨的理解。"

诸君想来听过这句话。

说得倒是很有趣。恋爱经验丰富了，就能够多去了解对方，很多时候我们就是带着这样善意的误解结了婚，婚后虽然谈不上悲惨，但是也不得不开始渐渐理解了严峻的现实。

"本来应该不是这样的！"——恐怕所有人都会对自己的伴侣产生这种质疑吧？

于是在一起生活的时间久了，矛盾就越容易激化，对方的存在变成一种压迫和窒息，身心皆苦。

但是需要想一想，即便是夫妇，各自的出生地、成长环境、所受教育、所处的人际关系等，皆是不一样的。一切"原本如此"，是不现实的。

夫妇"一心同体"——如若这是理想化的想法自无所谓，在现实中，将这种想法视为幻想亦是不为过。

有一种想法很不错，即夫妻"二人三足"。将各自的一只脚绑在一起，各自都还有另一只脚是自由的。这是夫妻之间最好的状态。

所谓"夫妇相对而生"，似乎是不准确的。

总是面对面，不会觉得疲劳吗？可以如二人三足一般，相互接触，彼此依靠，一起向前走下去。二人并肩向前走，前方有更加宽广的视野，一切都会有所不同。

要认同不同。不同，是理所应当的。这亦是夫妇之间消除压力的关键点。无论如何都要与对方和谐相处的心境是非常重要的。想到对方，多多少少有所迁就忍耐是很必要的。

但是，归根到底如果不认同"不一样也很好"，说不定什么时候还是会出现嫌隙、焦躁、愤怒……一旦显露出来，这种嫌隙缺口就会越来越大。

其实，捆在一起的脚如果步调不够一致，很容易跌倒。基本的价值观若不一致，这一切也就都无法顺畅进行。

例如，对待时间的方式。

一方觉得："呀，终于到周末了，出去转转吧。去哪里好呢？休息日窝在家里太浪费了。快！快！"

另一方则觉得："好不容易休息了，尽量过得悠闲一点吧。平日因为工作天天赶时间忙得团团转……"

如遇这种情况，无论是优先考虑哪一方的价值观，都无法一起愉快而充实地度过休息的时间。对待时间的"价值观差异"会带来不顺畅不愉快的气氛。

在饮食方面，如果丈夫喜欢清淡，妻子却偏爱油腻，围坐餐桌前就必然总会有一方需要忍耐……想象一下这样的场景，妻子满面笑容递上筷子："昨天是天妇罗，今天呢，看看呀，是烤肉哟。好香呀！"丈夫虽然嘴上不说什么，但是心里一定会想："什么，又是这么油腻腻的东西啊。偶尔真想吃点有味道的鱼干什么的啊……"准备出两人各自喜欢的食物是可以的，但是这样一来不仅要付出双倍的时间，饮食开销也会增加，在日常生活中并不现实。

当然，金钱方面的差异，是决定性的。赚了钱马上花出去享受人生乐趣的人，和兢兢业业地以完成生活设计为前提计划性地花钱的人，是无法长期生活在一起的。

应该意识到，基本价值观严重偏离的两个人，是很难一起并肩前行共赴人生的。"充满误解"，这一点即使是在恋爱期间，也应该确认。

"虽然意识到了价值观的差异，不过也还是坚持在一起十年以上了。"也存在这样的情况。

凡事不可一概而论，这或许就是差异化价值观彼此"融合"的结果。所以，也没关系的，依照这个模式走下去就好……一定的。

谢 谢

面对亲戚的好意

结婚是当事人之间达成的共识。但是一旦结婚开始了全新的生活，就不仅仅是两个人的事情了。

结婚不仅是两个人的结合，而且是两个家庭之间的结合。即便讨厌，即便觉得麻烦，与亲戚之间的接触也是不可避免的。

亲戚中的伯父伯母、舅父舅母，以及表兄弟姐妹或许可以敷衍，但是作为自己父母的兄弟姐妹，从小经常见面，婚丧嫁娶的重要场合也都会出席，即便知道"那是个有点严厉的叔叔""舅母有点唠唠叨叨"，因为已经习以为常，所以也就觉得很轻松了。

问题在于配偶的亲戚如何应对。个性也不能完全知晓，说到底，还是有些摸不着头脑。

可以从自己的配偶获取相关的信息。为人处世和言语交流的方式、举止倾向，即便是寥寥数语，也能大致勾勒出一个人的轮廓，可供参考。不过，如果配偶并不愿意说什么，千万不要刨根问底。每个家庭都有自己的情况。夫妇之间，也要尽量避免尴尬和不快。

与亲戚相处觉得最有负担的时刻，是对方插手家庭内部事的时候。

"你家儿子明年要升学吧？我这边有个很好的补习私塾，给你介绍一下啊？怎么样，去试试不？""女儿才艺学习的事情就拜托给我吧。现在要是钢琴什么的都不会弹一点，将来能嫁出去吗？"

看起来，这好像都是实打实的关心。但是，对于孩子的教育，每个人有自己的方法和原则。所以，每个人其实根本不希望亲戚对自己孩子的教育问题指手画脚。

但是，就算是心存糟糕的印象，觉得非常不好对付，可是最后你还是会难免被这样的声音包围。

看到亲戚们聚在一起的时候，此时如果你的脑际浮现出印象糟糕的伯父，或是难对付的阿姨的脸，实在是叫人提不起兴致来。

"唉，又得见到那个人了，真闹心。"如果带着这样的想法，那么亲戚之间的相处就会变得困难。

就算是多余的关心，或是爱管闲事，但是对方是没有恶意的。因为心里有一种大家属于同一家族的意识，所以总是带着好意的关怀。最好的应对方法是悉心听，然后放置一边。

可是，大部分的时候喜欢插嘴管闲事的，都是那些从配偶小时候起就对其格外疼爱的长辈亲戚。就因为当成了自己的儿女，所以才没有顾忌，想说什么就说什么。如若接受这种情感，其实反而是很宝贵的。

所以，说一句"多谢您"，然后马上忘诸脑后就好了。

如果担心以后会带来麻烦，大可不必。首先，这是不存在的。没有人会带着私塾的入学简介或是音乐教师的宣传手册，真的跑到你家里去强买强卖的。

有禅语云："一切众生，悉有佛性。"

每个人心中皆有佛性，佛亦是常在心中。不好对付的阿姨，频频给人添麻烦的伯父,想来也都是心中有佛的人。

更何况,这些都是与你有着亲眷之缘的人。在亲戚聚会的时候,你要心境平和,在心中默念两遍"一切众生,悉有佛性",这样便能让心情平静下来。

原生家庭
当你困扰于如何与父母相处时

步入中老年之后,与年迈的父母相处已然成了一个课题。与其说是课题,还不如说是让人烦恼的难题。这与目前核心家庭增多有很强的关联。

从前的日本基本上是祖父母、父母和孩子在同一个屋檐下生活,即所谓祖孙三代的同住方式。在这样的大家族中,支撑家庭经济的父母工作繁忙,也正逢孩子们的成长期,在这个工作与家庭双重忙碌的时期,正好祖父母就可以出手帮忙了。

已经退休的祖父母有更多的自由时间,可以照顾孙辈。在这个过程中,祖父母会给孙辈们带来很多和学校完全不同的"教育",例如应该意识到长幼有序是重要的日常观念、居住地区的传统与风俗……这样的内容,会自然而然地渗透到生活之中。

人生阅历丰富的祖父母，是传授这些生活智慧的理想人选。

闲话旧事，自然会谈及一个家族的家风。祖父母有时候会聊起自己的祖父母，也就会借此向孙辈们讲述"我家上下六代"的故事。这一刻，孙辈们会真切地感到因为祖先才有了自己，这是非常宝贵的人生感触。

照顾和护理上了年纪的祖父母，是一个家族责无旁贷的事情。长大成人的孙辈，也开始陆续承担起照顾祖父母的责任。依次轮流照顾长辈，是每一个家庭的日常内容。

我想，最理想的家庭结构就是从前的那种三世同堂的模式。

目前出台了一些关于住宅税制的优惠政策，我希望这方面的复苏会成为国家性的发展方向。

但是，这还是会有一个漫长的过程。就现状而言，还是需要在核心家庭的内部多下功夫。

如果家中有兄弟姐妹，那么最好在长辈需要照顾和看护的初期阶段，在充分征求父母意见的前提下，商讨一下兄弟姐妹如何分工，各自都能做些什么。越是尽早决定，心理准备就越充分。

一旦开始商议，就一定会出现纠纷。兄弟姐妹向父母施压的情况，屡见不鲜。因此，手足之间也会开始心生裂痕。

最理想的，是兄弟姐妹中有某一位的住所离得近一些。

住得近，就可以经常赶过去看一看，随时了解生活的状况和身体情况的变化。如果活动少了，就提醒去散散步；如果身体衰弱了一些，就陪着去医院检查，日常琐事皆可以照顾到。

还有一种极为普遍的现象，就是父母原本在老家居住生活，可如果有一方过世了，就需要把另一方接出来生活。但是，上了年纪的人离开自己业已习惯的地方，会心生不安。

我有一位朋友曾把独居的老母亲从老家接了出来。但是由于语言（方言）的问题很难适应，反而让母亲感觉格外寂寞，我的朋友也因此很后悔。

最近听说有很多人很憧憬"田舍生活"，退休之后回到父母居住的老家生活。

不管怎样，这是要看情况的。各个家庭情况不同，需要区别应对，需要无数次地认真探讨才能找到最合适的方式。

有一点极其重要，因为这世上有了父母双亲，才有了现在的自己，才有了属于自己的生命。

因此，父母双亲是我们应该无条件感谢的对象。永远不要忘记这一点。

从"親"字所了解的一切
当你为了教育子女而烦恼的时候

这世上不存在不希望子女幸福的父母。为人父母，想来也都会"希望能依照这个方式来教育孩子""希望孩子能拥有那样的人生"……当然，这亦是无可厚非。

但是，孩子们也有可能无法完全如父母所愿，或者根本不会听从父母的意见，这都是很自然的事情，为人父母也一定要有这样的思想准备。

青春期的孩子，对父母有着天然的抵触和反抗。我想，父母因此而怒火中烧，或是烦恼，其实是没有意义的。

叛逆期，是迈向成熟的必备通关仪式。我们都来回想一下自己，是不是都经历过反抗父母的时期？

有这样一句话："不要责备孩子，因为你是过来人。"自己也曾是抵触父母的孩子啊。

这个叛逆期终将过去，孩子们也会渐渐学会自己思考问题。孩子进入叛逆期，就好像"出麻疹"一般，我们只需要静静地陪伴就好。

"親"字昭示给我们的，是"木"上而"立"，一侧看"见"。想来，也就是说，不必过于紧密，保持适当的距离安然凝视就好。这是父母双亲应该有的姿势。

"去做那个""把这个做了"……其实，孩子们对父母的话是听不进去的，相反，如果孩子们对父母言听计从，反而是个大问题。

自己学会独立思考和判断，勇敢行动——这是成长过程中的头等大事，如果不能认真面对这个问题，不培养这个能力，就会存在很大的问题。

如遇偏离正轨的人生状况，一定要告诉孩子："不好就是不好""不可以就是不可以"。

但是，最基本的还是让孩子自己成长，父母在一边陪伴与支持。不仅仅是孩子，所有人都会觉得"做自己想做的事情"是最大的幸福，会让整个人熠熠生辉。

我在美术大学授课。选择专攻美术是很多父母并不看好的出路，从学生时代开始，就会听到反对选择美术类大学的声音。

有个学生因为父母的反对而选择了一般的大学，毕业后在金融方面的企业就职，整整工作了三年。但是，他一直想学习美术，想选择这条路，于是就断然辞职，在预备校学习了一年后，考入我所在的美术大学。

而这个过程中的经验绝不是没有意义的。这位学生在实现"做自己想做的事情"之前，走过了漫长遥远的弯路。也有很多学生和他一样，经历类似。

虽然不能一概而论，但是作为父母应该意识到，要尽早让孩子知晓，人应该努力"去做自己想做的事"。

每一个孩子都有与生俱来的天分与才能，让其充分发挥，才是为人父母的职责所在。

尽管如此，近来那些"老一套"还是很明显的。

孩子们从小学习的东西，多半是"因为某某也在学呀"或是"因为父母让他学"等。

让孩子多多尝试和挑战无可厚非，但是在此之前应该先去考虑孩子自己的意愿是什么，孩子自身有优势的领域在哪里。

否则，钢琴、游泳、英语……所有的学习内容都是父母的意愿而已。

观察一下年幼的小孩子，总是热衷于动手，没完没了地看绘本听音乐，乐此不疲。孩子总是好动的，喜欢真实地感知。孩子对喜欢的事情总是十分热衷，父母才会在其中发现才能的萌芽。一边陪伴守护，一边着力悉心发现孩子的天分，这才是父母的重大责任。

子女教育中最关键的是父母双方要在教育方针上保持一致。

如果父亲觉得"孩子应该轻轻松松地成长"，母亲却认为"必须尽早去私塾补习才行"，孩子就夹在父母之间，左右为难。

在得出"统一见解"之前，夫妻双方需要进行深度讨论。在这方面不能达成一致，父母就无法同心协力陪伴孩子成长。

禅语之"露"
当你无法平衡"自我"与"家庭"的时候

诸君如何度过休息日的时间？虽然存在个体差异，不过大都是把时间分为自己的时间和家庭的时间这两部分。

在此其中，有的人认为工作日勤勉工作都是为了家庭生活而付出，所以到了休息日就应该做自己喜欢的事情。相反，也有人会觉得平常就是工作、工作，很难有和家人在一起的时光，所以休息时就很想和家人共度。但是，在自己和家庭之间二选一，其实是无法选择的。

前一种选择，会招致家庭成员（尤其是配偶）的不满，这样一来，自己在家中就会孤立无援。后一种选择，则会让自己觉得被家庭束缚，身心俱疲，好不容易得到的休息日却变得比工作日还累。

在两者之间找到平衡点，合理分配时间，这恐怕就是如何愉快度过休息日的关键点了。比如，在每月四个或者五个周日中，找出两件自己想做的事。喜欢高尔夫，那就心无旁骛地好好打一场；喜欢垂钓，那就不要有什么忧虑，去尽情放松一下。

那么其余的周日，就要家庭优先。你可以去游乐场玩玩，也可以开车出去兜风。一起去购物，或是帮着整理房间。孩子大一些，或许和朋友相约，或许有社团活动，那么也不必勉强一定要全家一起行动，可以优先考虑孩子的计划。

但是，也必须设定家规。"每月必须全家一起吃一次饭"，就属于此类家规，全家人一起做饭，一起吃饭，然后一起收拾碗筷打扫厨房。

休息日，孩子们也会很忙，但是每个月一次还是可以抽出时间的。一家人一起好好聊天儿。即便没有准备什么话题，因为是血亲的一家人，所以总会有说不完的话，可以聊聊孩子们的近况、最近正在思考的事情，以及不经意传递出来的对亲人的想念……

这样的家庭时间，会弥补平时家人之间情感交流的不足，增加家庭的温暖与幸福，而这些恰恰是平日已经习以为常的。

有禅语为"露"。意即全部敞开,没有任何隐匿。我想,家庭的存在就应该是这样一种状态。

平素的生活,与周围的其他人有着千丝万缕的关联,任何人都难免需要在某种程度上自我克制,不断修缮。

父亲在工作中基于自己的地位和立场,要保持"合适的表情";母亲作为一家主妇和妈妈的身份,力求不偏离自己的角色;孩子们和伙伴们在一起的时候,也不能说就是最本真的自己。这种状态,无分好与坏。作为社会性的存在,每个人都是如此。

在家庭中就不一样了。当然,不存在完完全全的敞开自我,但是在家庭中,还是最为接近本真的自己。

不必维系完美形象,也不用保持精神百倍的状态;不必过于努力,也不用伪装。除了家,再无如此放松自然的地方了。保持原状,彼此深切结缘。

但是,最近的家庭现状与本来的状态已经相距甚远,"当下"正是应该回归本原的时候。每月一次家庭成员一起围坐小聚,一定要以此为契机,让家庭回归本原状态。

闲暇处才是生活
上班族的生活管理术

"工作就那么忙吗？花点时间考虑一下家庭好不好！"

这句话一定会让一些人深深被刺痛吧？这是当你工作忙得沸反盈天的时候，配偶飞来的抱怨中使用频次最高的一句了。连续深夜归家，配偶情绪恶劣，会让已然身心俱疲的你，很想大喊一声："我也并不是出去玩儿啊！"

但是，这样的"你一言我一语"，就会让气氛更加紧张，从而彼此心生怨怼。

既然在外工作，就不得不选择事业优先的生活方式。从前，有个词叫作"我家爸爸"，这意味着家庭优先，定时上下班，准时回家的生活。但是现在的"我家爸爸"，想要维持一个家庭实在是太难了。所以，以事业为中心，自然会不时地和不满的配偶吵上一架。

重新审视一下工作的方法和状态，其实会发现，你可以找到一些转机，一些启发。

所谓"忙里偷闲"，便是如此。繁忙之中，定有安闲。无论工作如何堆积如山，如果有好的处理方法，总还是会有余暇。有的人利落地完成工作，然后悠然自得地腾出时间做自己想做的事情。最关键的是要有专注力。注意力集中，效率自然就会提升。五小时的工作量，三小时就能完成。专注力会帮你制造出剩余时间。

一方面，潦草莽撞地工作，本来五小时的工作要花费六小时，甚至七小时来完成，也就造成了连日加班深夜回家，然后你一言我一句大吵一架。

美国的实业家、政府邮政长官约翰·沃纳梅克说过："热爱自己的工作，那么完成这项工作的时候就会有满足感……能够带着这种轻松的心情回到家中晚餐桌旁的，是世界上最幸福的人。"

你决定今日就工作到这里，然后集中精力完成这个目标，就非常有效地使用了时间。此前提及的赵州禅师所说的"用尽十二时辰"，亦是同理。

完成了自己所设定的目标,既有满足感,又会心情愉悦,然后"尽早"地回家去。和家人围坐在桌旁,配偶就不会发出"分出点时间和家人一起不好吗?"这样的埋怨了。

我们都应该重新审视一下"忙碌"的真正内容究竟是什么。

积极幸福
当你想抛弃一切的时候

人生有巅峰亦有深谷。

有的时候,我们必须直面险恶的峰峦,或是幽邃的深谷。

有的时候,越过峰峦,紧接着却是另一个更加险恶的峰峦。

有些事,比如工作上犯下重大的错误、小孩子遭到了欺负霸凌、夫妇之间情感破裂不可修复……当发生这样的事情时,我们就会意识到这并不是自身能力所能解决的。

"已经,不行了。"或许我们会在心中发出这样的慨叹。

但是,不可以说"不行了",要立时禁言。

日本从古至今,被称为"言灵有幸之国"。所谓言灵,是指语言所持的灵力。日本被认为是以此灵力而获得幸运的国度。

《万叶集》中柿本人麿曾有歌咏——

> 海上矶城岛
> 拳拳吾心大和国
> 言灵护吾民
> 一语有灵助万世
> 幸及邦土佑天地

翻译成现代语,意即日本是借由言灵之力获得幸运的国度。所以,(本书中我赠予大家的)这些言语,也或许会有此灵力吧。祈愿诸君安然幸福。

语言,真的是富有力量的。

特别是针对自己所使用的语言,具有极大的影响力。

一句"不行了"脱口而出,一切就似乎真的向着"不行了"的方向进行了。所以,越是直面困难的时候,越是要选择向前的、有力量的语言,而且心理暗示也非常重要。

看到盛有半杯水的杯子,有人认为"还有半杯呢",有人则认为"只有半杯了",以此来判断哪一类人乐观,哪一类人悲观。当然,人并没有这样简单。但是从基本认知上看,前者属于乐观型，后者则属于悲观型。

作为心理学的门外汉，举出这个例子，是想让大家注意一下语言的方式。说出"还有半杯呢"，内心就会生出一种余裕之感，充满积极向前的意味。说出"只有半杯了"，就会感觉穷途末路一般，非常消极落寞。

由此，能切实感受到语言的力量。转换语言方式，就会让所说的内容铭刻于心。所以，你是否下定决心，决定再也不说"不行了"这种意味的话了？

每个人都应该有激励自己向上的言语。"肯定能行""我自己要努力呀""还好，还好，没事的""必须加油""精进惜福""积极幸福"……什么样的言语都可以，只要是一说出来就能让自己恢复元气，刻在心上就能鼓起勇气，那就多多储备一些吧。

所以，当遭遇严重的事态，不要慌张行事，首先要对自己说打气的话，激起自己的干劲、元气和勇气。这对事态的应对和处理绝对是有好处的。

不管怎么说，我们是"言灵有幸之国"的国民呀。

第五章 立除一切烦恼

禅的方法

所谓担忧之事，烦恼之事，都是在为人生增添色彩。

睡前简单坐禅

当你"难以入眠"的时候

一夜无眠。

无论是谁,恐怕都会有过一两次这样的体验。

工作、家庭、人际关系……都会有让我们担忧的事情。

一旦被这些琐事缠绕,就很难解脱。特别是夜里,会加重不安之感,导致彻夜无眠。

但是,第二天早起,看着太阳初升,似乎一切都没那么严重了。这种情况也很常见。回想前一晚觉得根本无法解决的问题,忽然觉得:"那有什么啊,这么做不就行了?为什么那么纠结烦恼呢?"

所谓"夜晚的烦恼",有四成都是夜晚的阴翳造成的"妄想"。所以,入夜之后尽量不去想担忧之事、烦心之事,这才是第一要务。

在入睡前三十分钟，要尽量做一些让自己心情愉悦的事情。放松心情，保持平和，听一听治愈系音乐，翻阅美术书籍或喜欢的写真集，女性还可以燃起心仪的芳香精油……

这一切成为每日的习惯，失眠也就会慢慢消失了。渐渐地就会以平和安宁的心境，一夜好眠。

禅僧在夜里坐禅修行，叫作"夜坐"。坐禅的过程中，停止具体事务的思考和判断，而是着力于感性与感觉，借此自然而然让心境安然。

可以试着把前面所说的一些生活方式逐渐形成习惯，亦可代替这种夜坐的修行，我们都不妨去试一试。

在不容易被妄想所纠缠的白天，尽量去正面面对心中的忧虑和烦恼之事，这是非常重要的。

这其中的关键点是，思虑未来，首先要放手。例如，心里所担忧的"将来，该怎么照顾父母呢？"这个问题，目前还没有摆在眼前。

将来的状况如何变化不可预料，现在无论如何思考都无法得出确切的答案。那就等到"那个时候"再好好考虑吧。

现在，认认真真地应对当下的担忧和烦恼之事就好，不要悲观行事。

"为什么有这么多烦心事落到我的头上啊？"

"接二连三的烦恼，我可怎么办啊？"

纠缠于旋涡之中，自会有此心境，但是人生于世，任何人都会无数次遭遇担忧之事、烦恼之事。若与此无缘，则无法行走人生。

既然如此，莫不如抓住"好事"而生活。

跨越了目下的难题，便是一次成长。

解决了这个严重的问题，内心就会变得强大起来。

这是提升自我的一种"试炼"，应该把握。

人的一生中，总会有蜕变的时刻。

度量宽宏、思维宽阔、待人宽容……有很多形式。如果以此种蜕变为契机，面对那些担忧与烦恼之事，自然就能游刃有余，此亦是经验之谈。

此外，等到上了年纪的时候，回想人生，发现竟然没有可担忧和烦恼的事情，这样过于平凡的人生，难道不会觉得有所缺憾吗？

在某个时候，因为担忧之事而心烦不已，但是最终因为找到了解决办法而豁然开朗，想来这才是更加多彩而丰饶的人生。

所谓担忧之事，烦恼之事，都是在为人生增添色彩。我们最好是带着这样的想法生活。

清早澄澈的空气
当每日的压力"到达胃里"的时候

压力过大,自然会波及身体。

最敏感的大概就是消化系统了。胃部刺痛、腹泻不止等症状,都是压力所致的典型身体变化。

消除压力的好方法是运动,让身体动起来是很重要的。

"压力太大了,怎么办啊?究竟该怎么办?"一旦有了这样的想法,身体就会跟着萎靡下来,所以一定要朝气蓬勃地给自己打气:"没关系!没关系的!"让身体动起来,点燃能量。

积蓄的压力过大,每天早起都会懒得动,但是即便如此,还是要勉强一下自己。清晨澄澈的空气会让萎靡不振的心情为之一振。

然后，尽量出去到附近散散步，身体最为渴望的是置身于大自然，感知自然的风景，让清新的风掠过身体。只是在大都市工作，似乎难以实现。

即便是大都市，也有着一方"小自然"。公园、公共建筑中的庭院等，都可选择。例如，来到公园便会听到鸟儿叽叽喳喳的鸣叫，以及清风吹拂树叶的声响，花草的清芬也瞬间袭来……

在那里驻足片刻，就会消除内心的焦虑与不安。

如果没有适合散步的环境，那就不妨在房间里做一下清扫整理。而禅宗亦是非常重视清扫。

为房间扫尘，亦是为心灵扫尘；清洁地板，亦是清洁心灵。

整理一下调味料随手乱放的厨房台面，悉心擦拭厨房的角角落落，收拾玄关和卫生间……哪里都可以。

即便是拿出十分钟左右来清扫，身体也得到了运动，整洁的空间也会让人心情舒爽。

到了周末，一想到"啊啊，又得整理房间了……"就感觉很郁闷。好不容易得来的休息日，因为整理清扫而占据了时间，没法儿去做自己想做的事，这就是本末倒置了。所以，养成每天早上用十分钟的时间整理清扫的习惯，周末就可以更有效地利用了。

身体的运动量，相当于从自家到电车站一站地，或是到公交站一站地的行走距离，就刚刚好。

走走平时不路过的地方，会与从未留意过的风景相遇，也会发现很多意料之外的事物。

"哎，这里居然有个寺庙啊，院子里还有枫树……秋天可以来赏红叶。""哟，这儿有个旧书店，这条街很有内容呀，周末应该来探一探……"

全新的"相遇"或"发现"，可以让心情舒爽。

现今，无论是自家还是办公室，都安装了空调等调节温度的设备，人对季节变换的感受不是很明显。虽然这样的环境很舒适，但是能够真实感知季节的变换，也是非常重要的事情。

几乎很少有国家如日本一般拥有色彩分明而斑斓的美丽四季。生于此，如果不能玩味这样的自然馈赠，实在是遗憾。

如果能够早起出去散步感知季节当然是最好的体验，但是如果做不到，即便生活在大都市的水泥丛林中，亦有"实践"的方式。走上屋顶，眺望夕阳。季节变换，日落的时间亦是不同，所以这也传递着季节变换的信息。

"日落的时间提前了，马上就是秋天了啊……的确，风似乎也有了些许凉意……"

这样的时刻，让人重新审视和思考与自然共生，在季节中流转的自己。

傍晚，正是工作压力到达顶峰的时间，刚好可以借此稍作休整，也会防止积郁的压力损伤身体。

呼吸训练

当身体注入了"力量"的时候

我们不妨试一试从鼻腔中缓缓地、长长地,吐出一口气。关键点是"吐出来"。

诸君一定有过多次压迫感极其强烈的体验吧。

被委以重任负责重要计划的时候、与工作层面的重要人物交涉的时候、因为本公司的责任向客户谢罪的时候、新工作面试的时候……这样的场面数不胜数。而作为个人而言,初次约会,或是去相亲的时候,也会有同样的感受吧。

心里有了压迫感,呼吸就会加快、变浅。身体就被多余的力量所侵入,变得十分僵硬。而周围人自然会做出这样的评价:"他这个人呢,遇到点压力就挺不住了。所以这种大的场面不能指望他。"在工作方面,这便是一种大失败。

从"僵硬"的状态中修正，就要调整呼吸。这时候需要的是丹田呼吸，也就是一般所说的腹式呼吸。

肚脐下两寸五分（大约七八厘米）处为丹田。寻到了丹田的意识，就从鼻腔中缓缓地、长长地，吐出一口气。重要的是，刚刚在开头所提醒的，即"吐出来"。所谓"呼吸"，字面上理解"呼"就是吐气。那么从这里开始，我们要意识到，吐气是很重要的。

吐气的时候要用力，所以当意识到这一点之后，就要尽力把气吐出来。例如，拳击手出拳的时候，柔道选手使用技巧发力的时候，都是如此。

棒球比赛中，投手投球的瞬间，击球手挥动球棒的瞬间，都会顺势吐气。无论什么项目，为了达到最好的效果，都有集中吐气瞬间的意识。

所谓吐气，是空气会自然进入，而不必有意识地吸气。这即是顺应身体，让身体自然而然完成吸气的过程。

坐禅时无法实现这种丹田呼吸，但是有医学理论证明，这种呼吸方式能够部分改善血流状况。人在精神紧张的状态下会进行胸式呼吸，血管收缩，血流会下降百分之十五左右。将两种呼吸方式加以比较，会发现存在百分之四十以上的差异。

血流得到改善，会把氧元素和营养输送到身体角角落落的细胞中，这种活血健康的机体活动的益处，自是不言而喻了。这是一种具有画面感的印象，即身体和大脑的血液循环都得到了改善，而这就是丹田呼吸的效果。

实现丹田呼吸，就必须伸直脊背，挺起胸膛，否则就做不到。所以，在进行丹田呼吸的时候，会自然而然地调整姿势。调整姿势，悠然呼吸，心情就会平和下来，侵入身体的多余部分的力量，也会渐渐被剔除。

姿势、呼吸、心灵，是三位一体，调整了姿势与呼吸，心灵也将进入调整的状态。也就是说，丹田呼吸会让身体得到放松，心灵也会得到安宁。

当然，此时身心会从压迫感中完全解放出来。我在公众面前演讲的时候，开讲之前都会调整自己的呼吸，所以也就没有尴尬和紧张。

压迫感迫近的情况来临，可以尝试一下丹田呼吸，仅仅持续几分钟也可以。

也有人会不停地对自己说"冷静一下，冷静一下"，这样做其实反而会强化自己"难以冷静"的状态,从而增加了压迫感。

我们只需专注于调整呼吸,其他的就顺其自然。再没有比这更好的克服压迫感的方法了。

顺 天
当你无法从巨大的不安中逃离的时候

2011年3月11日,是现在的日本人绝不会忘记的一天,以及自那以后出生的日本人作为历史记忆点亦是不能忘怀的一天。

那是东日本大震灾发生的日子。

海啸引发了福岛第一核电站的事故,灾难几乎让所有的日本人都开始重新审视和思考自然的无尽威力。

此后,在东日本大震灾的联动之下,有观点指出其他地区发生大地震的可能性也非常大。首都圈遭遇直下型地震的日子,似乎也在一步步逼近。

有很多人面对这种天崩地裂的变故,内心的不安会积蓄起多重的内心压力。这种不安不可能彻彻底底抹去。但是,重要的是不要忘了"以史为鉴"。

三陆地区经常会有大地震,也有很多人因海啸遇难。青森县、宫城县境内就有两百个以上的遭遇海啸纪念石碑。这是为了铭记过去的惨痛经历,并以此为戒。其他地区虽然没有立石碑,但是也会确保避免在低处建造住宅,即便建造了也要设置海啸来临时的避难路径。这都是吸取教训的有效方法。

但是,非常遗憾,所谓吸取教训,也存在如东日本大震灾这种我们所不期望的教训的证明。说得严苛一些,包括行政方面的无对策,这都是"以史为鉴"的疏漏。

所谓"以史为鉴",其实是应该"持续地吸取教训"。在这方面,绝不可以半途而废。这亦是每一个日本人的心声。

2013年因为台风的侵害,京都的桂川泛滥成灾,渡月桥被淹没了。我马上联系了熟识的天龙寺塔头住持,住持对我说:"我自己并没有这样的经验,但是忽然想起了小时候听老人们说过,因为下大雨渡月桥曾经被河水漫过了。真是同样的状况重现了啊……"

即便时隔五十年、一百年,同样状况重演的可能性亦在情理之中。无论科学技术怎么进步，我们依然不能避免天崩地裂的自然灾害。仅凭借人类的智慧也不可能降服自然。自然，不可以被蔑视欺侮。唯有对自然心怀敬畏，与自然共生。这亦是佛教所说的"共生"。

共生——日本人原本就是尊崇此原则生存的。西方的思维，真是人为地支配自然，在开垦农田的时候，也要顺应人类的需求进行改造，将倾斜的土地铲平。而日本人的思维，则是尽其所能不损害自然的原貌，如遇斜坡，就依照此地形设计出梯田。这是最典型的例子。

日本人向来对自然怀有敬畏和尊崇之心。这是因为认识到了在自然面前人类的无能为力。而可以稍微弥补这种无能为力的，便是对以往教训的悉心吸取。

天崩地裂的灾难带来的不安，是永远无法彻底消除的。因此而产生的压力，也可能无法彻底消除。唯有把迄今为止历史长河中获取的教训铭刻于每个人的心中，世世代代吸取并牢记，才会减轻此种压力。

许倬云先生在《观世变》一书中说："无论是生产方式还是学术研究，均当注意利用与厚生两个方向，不使人类竭泽而渔，迅速耗尽自然资源，盲目伤害人类寄生托命的生态环境。凡有所取于自然，也必有所还于自然。以此心态，人类或能自然地将人类社会系统与地球生态系统和谐套叠在一起，合为一个互利的复杂系统。"以此共勉。

人人都应该为此而做出力所能及的努力。

日日是好日
当担忧之事无尽无休的时候

人生于世的原点,即是"家庭"。

每日忙忙碌碌的工薪族,人生的立足点亦是家庭。这一点,毫无疑义。

但是,家庭也存在诸多问题。家庭中,存在着夫妻关系、亲子关系、兄弟姐妹关系、婆媳关系等各种复杂关系。

担忧之事的起因无尽无休,想来也不意外。孩子们之间存在着在校的成绩、升学、朋友伙伴之间的各种问题。现今,总是会在报纸上读到关于校园霸凌的报道,这也成了备受关注的问题。

与配偶之间的问题,多半是因为孩子教育的理念、与父母相处的方式等意见相左,还有上了年纪的父母(包括配偶的父母）看护及护理的问题等。

担忧之事，自然堆积如山。然而，对家庭而言，首先要对这一点有充分的认知，然后再直面一个个的具体问题。

"即便这样，解决了一个问题，还会有同样的问题出现……这样一想，心情真是瞬间低落……"

的确，一想到担忧之事会接二连三，真是会瞬间压力倍增，似乎感觉无论如何也无力解决，于是心里就浮起"好烦"的想法。

或许可以试着以这种方式来思考——

一切担忧之事最好不要出现，可是一旦出现了也是没办法的事情。禅宗认为，这便是"缘"，一切皆是因缘而至。

那么，你便会想着："糟糕……不过，没事，这也是有机缘才如此，必须解决掉。行嘞，努力吧！"一切也就容易接受了。

佛教中，有一禅语为"布施"。是不是觉得所谓布施，就是指在葬礼或做法事的时候，奉给法师的钱物包裹？但是，并不是如此。布施，是"布施行"的"行"。行，即是修行之行，这是为自己而做的事。所以，布施并不是给僧人的"做"，而是为了自己的"让我做"。

处理担忧之事的时候，与布施亦是同理。面对担忧之事，是否有着为了自己而"让我来解决""为了解决让我来努力"的心态，那么接受和处理的方式，也会大不一样。

"让我来做"的意味与效果非常明显。

跨越忧虑，会让家庭的羁绊更加强韧，彼此间的理解也更加深入。这一点千真万确，再没有比这更灵验的了。如何？

当然，凡事皆需要出口。遭遇担忧之事，如果有可以倾诉的对象，心情就会轻松很多。比如，学生时代一直关系很好的朋友，且没有利害关系，想来正是一个发牢骚的好听众。一位这样的朋友即可。需要在心里搜寻一下这样的亲友。

"哟，那家伙正合适！"想来，一定会发现这样的好听众。

禅语说："日日是好日。"可这并不是意味着每天每天全部都是美好的。天气时而晴好，时而阴雨，此时有风吹拂，彼时狂风骤雨。人生亦是如此。

快乐、欢喜是人生，艰辛、悲伤亦是人生。对任何人而言，这都是不可取代的人生经验。正是这些不可取代的经历经验，才让人生如此兴致盎然，熠熠生辉。每日，皆是不可取代的人生经验，所以每日皆是好日。这才是"日日是好日"的真正意味。

日日是好日，愿我们能够平静、优雅、爱、珍惜、勇敢活下去，眼里有光亮，那是最好的神情。

图书在版编目（CIP）数据

禅与清心工作技艺 /（日）枡野俊明著；于彤彤译. -- 北京：北京时代华文书局，2020.6（2021.5月重印）
（禅与极简生活 / 陈丽杰主编）
ISBN 978-7-5699-3605-6

Ⅰ. ①禅… Ⅱ. ①枡… ②于… Ⅲ. ①散文集－日本－现代 Ⅳ. ①I313.65

中国版本图书馆CIP数据核字(2020)第037769号
北京市版权局著作权合同登记章 图字：01-2019-1096

TOTONOERU――KOKORO NO STRESS O KESU RENSHU
©2016 Shunmyo Masuno
First published in Japan in 2016 by KADOKAWA CORPORATION, Tokyo. Simplified Chinese translation rights arranged with KADOKAWA CORPORATION, Tokyo through CREEK & RIVER Co., Ltd.

禅 与 极 简 生 活
禅 与 清 心 工 作 技 艺
CHAN YU QINGXIN GONGZUO JIYI

著　　者｜[日]枡野俊明
译　　者｜于彤彤

出 版 人｜陈　涛
图书策划｜陈丽杰　冯雪雪
责任编辑｜陈丽杰
责任校对｜陈冬梅
封面设计｜**熊琼**
版式设计｜孙丽莉
责任印制｜刘　银　范玉洁

出版发行｜北京时代华文书局 http://www.bjsdsj.com.cn
　　　　　北京市东城区安定门外大街136号皇城国际大厦A座8楼
　　　　　邮编：100011　电话：010-64267955　64267677
印　　刷｜河北京平诚乾印刷有限公司　010-60247905
　　　　　（如发现印装质量问题，请与印刷厂联系调换）
开　　本｜880mm×1230mm　1/32　印　张｜6.5　字　数｜103千字
版　　次｜2020年7月第1版　　　印　次｜2021年5月第2次印刷
书　　号｜ISBN 978-7-5699-3605-6
定　　价｜49.00元

版权所有，侵权必究

禅与清心工作技艺